現代占星學

MODERN ASTROLOGY

露易絲・愛丁頓
著

LOUISE
EDINGTON

獻給瑪麗亞‧波斯，要是沒有你，

我不可能成為現在這樣的一位占星師。

獻給查爾絲、茉莉、愛麗斯，

要是沒有你們，我不可能成為這樣的一個人。

審定序

當占星遇上榮格——心理占星學的演化

占星學是有著悠久歷史的古老學科，它是所有神秘學與玄學的源頭，考古出土的文物中更是不乏史前人類的觀星紀錄。

現在最早的占星紀錄是巴比倫時期開始留下來的。在考古出土的泥版楔形文字裡，存在著大量國王身邊的占星家對天象與國王健康及安危之關係的紀錄。因為占星學與天文學在17世紀以前都是同義詞，能掌握天文學的專家少之又少，只能在宮廷的供養下存在。在知識不普及，財富不流通的情況下，傳統的占星學多為貴族人士服務，一般民間受惠於占星家的部分，主要是根據星象所寫的曆書來判斷平日的吉凶禍福，這個情況一直延續了一千餘年，直到近代，由於識字率的提高乃至電腦的普及，才讓更專業的占星學走向民間，讓本命盤的繪製成為一件隨手可得的事。

占星的功能主要是進行事件預測與決斷吉凶，這類以傳統命理與占卜為主要服務內容的占星家，稱為「古典占星學派」。該派別在17世紀後因為科學運動的興起受到不小衝擊，但在占星家的努力之下，20世紀下半葉興起了一波以「心理占星學」為名的運動，企圖將傳統以事件預測為主軸的占星學轉化為以心理治療及成長為目標的占星學。這個派別的占星家以人本為名，透過占星學的古老技藝揭示個人命運的困境與奮鬥，並提出人格轉化的可能路徑。

在這波運動中，他們特別向瑞士心理學家榮格的理論靠攏，借鏡榮格關於「集體潛意識」、「原型」、「陰影」、「人格面具」、「共時性」，以及心理動力的各種觀點，來豐厚占星學的論述。演化與輪迴這類原屬亞洲的宗教觀念也在這波運動中被一併吸收運用，儼然成為足以和傳統基督教分庭抗禮的新皈依。

這類占星師不再以傳統命理學的趨吉避凶功能為滿足，而是更強調對當事人的傾聽與問題的理解，進而漸漸地以「占星諮商」這樣的名義自居，由於占星學的理論厚實而嚴密，對於人的性格及一生的命運均有一定的預測力，因此對安頓求助者的身心有很大的幫助。然而心理諮商與心理治療一詞仍受法律限制使用，國內的占星同好應該避免使用類似名稱才好，這裡順帶提醒。

榮格本人在心理學界爭議甚多，但不可諱言地，他受到的關注卻有扶搖直上的趨勢。他在世時拒絕受限於既成的理論，而是關注真實的經驗，勇敢地探索未知的心靈與現象，因此在複雜的心理治療過程中，為後世開創了前所未見的道路。對於占星學，他說自己並不關心它的真偽，而是對占星能提供未知事物的線索感到好奇，「我不關心真假，我只對事實感興趣」。他本人曾對占星學做過研究，結果發現它具有高度預測力，事件與星盤之中具有一定的因果關係，這點頗讓榮格意外。因為發現同步關係而非因果關係，才是他一開始做此研究的初衷。

心理占星學派因此紛紛以榮格為宗，想要大力結合兩者的理論與方法是可以想見的。然而此處我們仍要負責任地提出，真正能使兩個派別融洽結合的目標還未達成。因為榮格的分析心理學及占星學都不是能夠速成的學問。它們不僅需要長久浸淫，也常需要一定的專業養成才可能把握，否則很容易人云亦云，想當然耳。本書作者在介紹榮格的重要概念時，對於「原型」的理解為內在隱而未顯的人格特質，這部分稍微有些「超譯」了榮格的理論，因此在審閱過程中予以修改，其餘則部分修正，此處不再贅述。

讀者與同好在學習這兩個具一定深度的學科時雖要謹慎為之，但亦無須妄自菲薄。國內的占星學與榮格心理學均已有很高的水準，專業社群也有相當規模。但市面上還是流傳著「人格原型」這樣易使人誤解的說法，這雖然令人遺憾，但也說明現代人對完整心靈的渴求不斷增加。不論是占星學還是心理學，只要能讓

我們更接近內在，更理解個人與世界乃至宇宙的關係，我都期勉自己跨越腦中的壁壘向其開放。

諮商之路上，最怕的就是躲在理論背後，忽略了眼前真實的人，在求道之路上亦復如是。真實不僅是數字上的，更是經驗上的。這兩種態度塑造了兩種不同的世界，前者永遠有效，但後者卻使我們得以走向完整。

我相信本書的出版就是在這樣的初衷上往前邁了一步。

愛智者

目錄

前言

我研究並運用占星學已有三十年，親身了解到占星學是多麼強大的個人成長工具。我從小就對星曜對我們的影響很有興趣，到現在還保存著孩提時代的筆記，裡頭以孩子氣的筆跡抄寫關於太陽星座的內容。每每仰望星空，我都充滿好奇。

1989年，我29歲，經歷人生第一次的土星回歸——這在占星學上是一段影響深遠的時間——一位朋友看了我的出生星盤，並且教我排盤，而我馬上無可自拔地愛上占星。當時個人電腦還不普遍，星盤是靠人工計算然後繪製的，必須使用大量的表格、星曆、**星盤十二宮**的參考簡介，並對照時區查詢表。

繪製一張星盤的過程漫長，大約需要一個半小時。不過現在的占星師很幸運，使用電腦程式與印表機，整個過程在幾分鐘之內就能完成。

接下來幾年，我研讀大量的占星書籍，不斷練習解讀我自己、家人，朋友以及朋友子女的星盤。雖然當時只是自學，解讀也沒有經過整合，但是一直都很準確。當年我還沒有學到如何把一張出生星盤視為一個整體，解讀也不包含相位和宮位，所以結果就像現在那些線上文字一樣，任何占星軟體都能給出這類報告——太陽在處女座會如何，月亮在獅子座又會如何。這些簡單的說明的確有參考價值，但是並未深入星盤的精髓，而本書正要鼓勵你做到這一點。

2012年，我為了開展自己的占星事業，接受更正式的訓練。就在這個時候，我發現了演化占星學（也叫做靈魂占星學、現代占星學）。演化占星學採取接近心理學或心理諮詢的方式，正適合激勵個人發展目標。我在本書中採用的占星「學派」就是演化占星學，我將指引你如何分析星盤的每個部分，深入了解當事人，並以此基礎協助他成長，而非使用通用於每個人的描述。對我個人來說，演化占星學幫助我找到深刻的滿足感、對自我的接納，以及油然而生的快樂。

X

如果能夠適當使用占星學，它會是最好的個人發展工具。你誕生的當下，此生靈魂演化的宇宙藍圖就已經成形了，這是以你的出生日期、時間、地點為基礎的。演化占星學認為，你的靈魂自主選擇於此時、此地誕生，讓你得到這個機會，能夠解決前世遺留的業力課題，運用此生完成演化目的（業力是一種靈魂的因果論）。你生來就帶有面具（對外的形象或人格，為了保護內在自我）、自我（在意識與無意識之間往來、協調兩者），以及靈魂（靈性的或者無形的部分，被視為不滅的），這些都是為了完成某個演化目的。而你的出生星盤提供了地圖，幫助你發現這個目的，並自我完成。

當你了解並接納自我，就能以最適合自己的方式，處理個人面臨的困難課題。你會發現，這本書的目標並非要你成為占星學家，而是教導你把占星學當作一種工具，在你的人生道路上提供助力。

對於人生中的外來事件以及星盤行運帶來的螺旋式演進，你會有所反應與行動，而你的出生星盤是一張藍圖，在你的一生中，這張藍圖會隨著你的反應與行動逐漸開展。你在人生中的每一個時刻，都擁有自由意志與選擇權——能為自己做出決定。星盤上的每一個落點都有「較高」與「較低」的能量振幅，至於你要如何「顯化」這些能量振幅，由你自己選擇。你的靈魂會朝一條大致的演進發展道路前進，但是在你的一生中，你始終擁有自由意志，能夠錨定自己的方向、選擇激發潛藏的哪些特質。本書目的在於帶你深入了解自己出生星盤上的這些特質（或者稱為能量），然後你就能夠有意識地、有覺悟地做出決定。

你的許多前世塑造了這一生，你的靈魂渴望從此生當中學習成長。比如說，在你的某個前世擁有極大的權勢，而當時你以一種不健康的方式濫用權威、操控他人，那麼此生你的課題就是學習以正當、公平的方式行使權力。

在演化占星學中，星盤並不是不可變動的，對於這張宇宙藍圖（你的出生星盤）、對於靈魂成長的過程裡遭遇的各種事件，你永遠都能選擇如何應對。你星盤中潛藏著強大的覺悟與意識，能夠幫助你做出更好的選擇，進而使你走向靈魂的渴望，朝演化目的前進。

在你的出生星盤上有各種行星（太陽與月亮也歸類於行星）、星體、虛點（比如月亮的南北兩交點），這些都是你一生的預言。太陽是你的核心、自我；月亮是你的情緒；冥王星是你靈魂的渴望……在接下來的章節裡你會學到更多。十二星座是這些星曜能量展現的方式，而十二個宮位代表了人生各領域，進入該宮位的星曜，會對這領域產生最大的影響。

你也必須考慮出生星盤的宮頭角度（第一宮、第七宮、第十宮、第四宮的宮頭），也就是上升點（你的面具，人們初識時眼中的你）、天頂（你的使命）、下降點（你此生中的「他者」，也就是你的伴侶，以及你因為社會無法接受而捨棄的部分自我）、

天底(你的精神生活)──這一切組成了此生的複雜藍圖。

我們需要時間與經驗，才能為他人解讀他們的出生藍圖。但是你依然可以從研究自己的藍圖開始，深入了解並接納自身特質。你的星盤上有許多資訊，所以要按部就班，你會發現越是深入探索，它就會揭示得越多、越透徹。

自我成長或者自我發展，並不是要你變得完全不像你自己。這並不是矯正或者一再強調已察覺的缺點──現在的你就足夠完美了。我再次強調，演化占星學重視的是覺悟與選擇，這些覺悟與選擇讓你能夠自如地運用自己星盤上的能量。比如說，你的脾氣是與生俱來的，是由星座、宮位、相位所決定，但是了解這一點之後，你更能夠在事件發生時迅速地察覺自己本能的情緒反應，從而減輕反應的強度。換句話說，你就能夠與當下的情緒稍微拉開一點距離。記住，選擇**永遠**存在。

在本書中我將為你示範，在你的星盤所揭示的每一個領域裡，你能夠以哪些方式做出選擇。選擇無所謂好或壞，就只是一個決定而已。明白了這一點，你就能有所覺悟，而非全憑你藍圖上的宇宙能量擺布。我祝福你，希望這本書能夠在你的旅程中指引你，讓你更了解自己、帶領靈魂成長完熟，以更深刻的方式接納自我，迎接純然的真實。

第一部分

占星學與心理學

第一章

詮釋行星
—— 成長工具

占星學肯定能夠得到心理學毫無保留的認可，
因為占星學代表了所有古代心理學知識的總結。

—— 卡爾‧榮格

長久以來，人們使用占星學，是為了能夠清晰地了解自己、追尋生命中的需求，但是以往這類資料大都匯集成對於人格的僵化描述，彷彿鐫刻在石碑上，不能有絲毫改變。從前，預測性的占星都著眼於未來，可是常常因為環境多變而失準。世上並不是沒有傑出的「塵世占星家」——這些占星家預測的是宏觀事件，比如經濟與政治方面的困難時期。但是大部分的人學習占星，是希望藉由占星學更深刻地了解自己，因此對這類事件並不感興趣。

觀察行星

數千年來，人類仰望星空，發現了宇宙循環與星體運行之間的關係，以及這一切對於地球的影響。比如四季更迭、潮汐漲落，都是明顯受到宇宙能量的引動。接著人們發現宇宙循環也會影響我們自身。事實上，世界各地皆有占星學，且皆已存在了數千年，它一直是人們用來預測世界局勢與個人事件的占卜工具。有證據顯示，古代的蘇美人把宇宙視為一種指引。咸認巴比倫人發明了第一個占星學體系，不過目前還沒有明確證據能夠證明他們是如何發明。

與個人出生星盤相關的占星學，大約是在西元前4300年由古埃及人首創，他們藉由出生時的行星位置，來分析一個人的性格。大約在西元前2800年，中國人發展出一套占星體系，希臘人則是融合了古埃及與巴比倫占星學說。西元50年左右，一位希臘——羅馬數學家、天文學家、占星學家托勒密，寫了《占星四書》（Tetrabiblos）。這本著作奠定了使用至今的行星、宮位以及符號規則。羅馬帝國於西元476年覆滅之後，占星學就開始衰落。在文藝復興時期雖短暫復甦，但又很快地衰微——直到二十世紀初，人們開始從心理學角度詮釋占星學。

丹恩·魯伊爾（Dane Rudhyar）是占星學現代化的先驅者之一，他在1936年出版了《人格占星學》（The Astrology of Personality）。他研究占星學，以及瑞士的精神科醫師卡爾榮格的著作，並著手將兩者融合。對他而言，這兩者的綜合成果，勝過了傳統占星「決定論」與「宿命論」的觀點。簡單來說，他認為星曜運行是與人類同步的。很有意思的是，這個觀念上的重大改變，正好與1930年發現冥王星發生在同一時代，雖然近年來天文學家又將冥王星降級為矮行星，但是占星學家依然肯定冥王星的地位。冥王星的含意包括了死亡、再生、陰影以及靈魂，這些都與占星學的心理學治療密切相關。

現代的西方占星學，大多偏好從心理學、心理諮詢以及演化的角度，幫助人們更深刻地了解自己，指引問卜者度過生命中的難關，讓他們看清此生中靈魂的進化潛力。自從1960及1970年代，新紀元運動開始之後，占星學受歡迎的程度更是以級數增長。此時，某些古老的學說也開始復興，比如曾經在西元前一世紀到西元七世紀流行於地中海周邊的希臘式占星。希臘式占星重視行星與守護星座之間的關係，但不包括近代發現的三個行星：天王星，海王星，冥王星。

宇宙的基礎是循環與運行。地球上所有物理分子的運動方式，都與我們所在銀河系中的行星以及宇宙中每一個銀河系一樣——在盤旋中又有盤旋，我們自身當中的分子也是如此。因此我們與行星運行同步，這種韻律為人生帶來流動，讓我們與宇宙能量一起和諧演化，而非與之對抗。明白了這一點之後，我們就能以自身去體現這種韻律流動，以及生命、地球、宇宙的自然循環，並用哲學的態度面對富有挑戰性的能量，並且體認到這一切其實都和我們自己一樣：不斷在演化。

占星學：心理學觀點

一般的占星術讓人們覺得似乎一切皆俯首於命運與宇宙星體運行，而**心理占星學**——又稱演化占星學——讓我們明白自己握有選擇的鑰匙，能夠改變人生的進程，它將占星視作實用的工具，幫助我們深入了解自己。這種占星方式將個人視為整體，每個人都有獨立的靈魂道路及目標，遵循並運用宇宙星體的循環、位置，以及互相之間的關係。榮格融合占星學與心理學替病人做出診斷，他曾經說：「遍布群星的穹蒼，是一本打開的書卷，顯示了宇宙的投影，反射出神話的核心元素，即神話的原型。在這幅景致之中，集體無意識心理的兩種古典實用學說，也就是占星學與鍊金術和諧聯手。」這個主題宏大深奧，簡而言之，心理占星學運用了許多主要由榮格發展出的觀點，比如「原型」、「共時性」、「陰影」、「集體無意識」，以及「面具」(請見第8頁邊欄)。本書將會在解析星盤的途中探索這些概念。

占星學一直在被當作心理治療工具的脈絡下持續發展，不少占星學家的著作都可證明這一點，比如麗茲‧格林(Liz Greene)、史蒂芬‧阿若優(Stephen Arroyo)、理查‧塔納斯(Richard Tarnas)等人。與專門為占星學家撰寫的著作比起來，本書的資料編寫比較適合初學者，不過讀者依然可以以此拓展，研究更深入的書籍。

占星學正在復興。為何占星學會在此時復興，我可以加以解釋，不過內容龐大到足以寫成另一本書。簡化來說，這次復興的主因與目前的黃道運行位置有關，也因為我們正在邁入寶瓶時代，在占星學上，寶瓶時代是人類覺醒的時期。我們正處在經歷重大變動的時代，人們不斷尋找解答與指引，以求度過這些集體的變遷。

占星學是寶貴的工具，幫助我們了解這些變遷，並從中過渡到一個新位置——這些改變來自我們的內在。現在有許多方便的電腦軟體與APP，讓你無須請教占星家也能「解讀」出生星盤，因此占星學比從前更容易上手。網路上也有許多占星家提供出色的全面諮詢服務。

占星學能落實於日常生活中的方方面面，把研究占星學當作個人發展的工具，就能更深入地了解自我以及靈魂的渴望，並越過埋頭探索的漫長崎路。你的整個靈魂，包括靈魂的渴望以及演化的動力，完全不加掩飾地體現在星盤之中。占星學可以說是一條捷徑，指引你如何認識自己、學習成長，以及度過人生的高峰與低谷。

如果想要將占星學運用於個人成長上，就要學習並了解星體能量與循環，才能學會如何自覺並**體現**出生盤上的能量，並且進一步運用意志，有意識地創造人生。

個人發展

如果我們對自己了解得足夠透徹，能夠流暢地運用個人潛能，就能破除不健康的模式與舊習、明白如何對外在刺激做出反應，並且能夠以我們獨特的靈魂為基礎，發展出與世界健康互動的方式。這樣我們就不會再強迫自己模仿他人。我們能了解並且遵循自己的熱情與目標，擺脫生命中的「理所當然」。「你應該這樣做」的想法就不會再掌控你的思慮。

占星學幫助我們理解並且度過困難時刻，甚至能預測這些困難何時來臨，避免我們毫無準備就遭受宇宙能量的衝擊。

親密關係與人際關係

占星學基礎知識不但有助於認識自我，還會顯示你與他人如何相處。這可以用來進一步了解他人，讓你對他人有更深刻的認識。比如說，如果你是上升金牛，你可能會發現天蠍能量強大的人一直吸引著你(天蠍是你的對宮星座)，因為天蠍能量可以為你的人生帶來更深的感情與意義，但是天蠍有製造矛盾的傾向，所以當深入親密關係時，也會遭逢許多困難。當你了解這是因為自己的天蠍能量在作祟，就不會因此退卻，而是能說出擔憂，找出與對方達成平衡的方式。或許你會注意到自己太專注在這段關係的物質層面，進而把焦點調整到更深的情感連結上。

達成目標

占星學可以幫助你辨識人生目標，朝著目標前進。有目標是很好的事，但是我們經常在適合自己的範圍之外尋找目標。我們的靈魂真正渴望的是什麼?如何善用自己的天賦?如果以這些為基礎訂立我們的計畫，其實會更適切。比如，你是射手座，那麼固定的目標對你而言沒有什麼吸引力，有彈性的、更宏觀的目標才能激勵你的挑戰欲望。

原型，共時性，陰影，集體無意識，面具

以下是對一些內容龐大的基本原理做出簡化的解釋，讓你具備足以流暢閱讀本書的基礎知識。

原型

原型指的是人類世代傳遞下來的共同經驗。例如婚姻、死亡、性、陰影等等。它可以被想像成人類心靈的集體資料庫，位於集體潛意識中，是心理的本能。※

共時性（同時性）

榮格說：「同時性指的是內在與外在事件同時發生、無法以簡單的因果解釋，對於研究者而言，這種巧合別具意義。」這又是一個宏大的論題，不過以占星學來說，它指的是宇宙與人類意識之間存在著同步關係，這種關係別具深意。

陰影

陰影與人格面具是一組成對的概念，雙方都是原型之一。陰影指的是自我在社會化的過程中被我們所排斥的面向，他們或者透過被壓抑進潛意識，或者被投射在他人身上。如何指認和接納個人層面的陰影，是重要的倫理議題。在占星學上來說，指的是每個星座較為負面的特質，存在於我們自身，但是我們並不樂見。

集體無意識

根據榮格的解釋，在人類的集體無意識裡，存在著共有本能與原型模式，這些決定了人類的本能反應，而且與個人的無意識行為並不相同。占星學用以指稱無意識的、不能歸因於個人經驗的動機。

面具

面具，又稱人格面具，他與陰影互為表裡，是自我的受光面，調節著我們與外界的關係。僵固的人格面具會使一個人的內在窒息，但面具發展不良也會使人無法適應現實。

如果想知道這麼做可能會在哪裡出現問題，那麼開發一下對宮雙子座的細節能量，將有助於辨認一些近期可達成的目標，就不會經常瞄準失誤。

事業

成為職業占星師後，我的第一份工作是為青少年提供簡短的生涯報告，對他們而言，這些報告足以改變人生，意義重大。占星學強調「認識自我」，對自我的探索能找出適合自己的天職、避免繞遠路，強迫自己適應不合適的道路。

從星盤上能夠看出自己的潛能，但是要注意，星盤並不會指出某項明確的職業。它顯示的是你適合的工作**類型**，還有會帶給你成就感的環境。

星盤也能顯示出具體的工作情況，比如經常需要在外奔波的職務是否適合你？在家接案是否適合你？舉例來說，某人天頂是射手座(天頂是十宮宮頭，星盤面對大眾最公開的那部分)，他可能會覺得教學與諮商工作很有吸引力。射手座的守護星是木星，而此人木星落入天蠍座八宮，那麼他可能會對心理學教學、或者處理陰影的心理諮商工作感到興趣。此人的六宮宮頭可能是獅子座，這表示他需要以工作成績受到認可來建立自信。(請注意，這些只是範例，而非囊括所有的可能。)

本書附錄B使用的關鍵字詞，是用來幫助你記憶每個星座與行星的能量特性，不過這些只是我的建議。你可以使用同義字，或者自己構思更有共鳴的字詞，把它們寫在筆記上。

9

※註：原型的範式大致是固定的，但其內容卻是不固定的。例如母親原型雖然人人有之，但母親的形象卻人人不同。有不少心理學家會將原型視為「次人格」或「人格類型」，這是普遍的誤解。

開始你的旅程

現在你已經讀過占星學的簡史，對於演化占星學有了基本認識。本章介紹的是如何使用占星學深入了解並走上你的靈魂旅程。

請準備好你的出生星盤。如果你並不熟悉星盤，那麼它的確會讓人一頭霧水。不過下一章將全面介紹出生星盤的內容，這樣你就能掌握自己的研究目標。這些是你繼續使用本書的必備工具。

出生星盤的來源

如果你要徹底使用本書，就得先準備好自己的出生星盤，並且找出自己的太陽星座、上升星座，還有各行星的落點。如果你無法取得專業占星師製作的出生星盤，那麼可以查詢占星網站。

首先請準備好出生的年月日、時刻、地點，通常出生證明上會有記錄，也可問問自己的家人。必須有確切的出生時刻，才能計算出宮位落點與角度。如果製作出來的星盤感覺跟你不太像，就要再確認一下輸入時間有沒有錯誤。如果你實在不知道出生時刻、無法計算宮位與角度也不用擔心，從行星的星座落點還是能夠得到不少訊息。就算只知道概略的出生時刻，也可以相當準確地計算出月亮位置。

Astrograph.com的TimePassages有Windows與iOS兩種版本軟體，也有一個iOS版app。包括免費的基礎版與付費版。Astro Gold有安卓及iOS版app，還有付費的macOS（OSX）10.8以上版本軟體。Astro Gold目前一直在擴充功能。Astro.com 是最廣泛使用的網站之一，免費，但並不是很容易上手。不過比起其他網站，它提供了更多選擇。

第二章

你的出生星盤
與你自己

既上，也下；既有，也無。

—— 赫耳墨斯·崔斯梅吉司特司

出生星盤是靈魂在這一世的宇宙藍圖。它顯示出此人特點、各種可能、靈魂的課題、靈魂的演進目標，以及其他許多事物。存在於這張藍圖裡的就是你自己，映射在宇宙之中。本章將介紹出生星盤的每一個部分以及意義。如果你已經熟知占星學，本章可以當作一次複習。如果你從未接觸過，那麼本章會教給你一些基礎，讓你開始了解自己的星盤。

出生星盤：概觀

在第15頁有一張出生星盤範例，用以介紹各個要素。接著的討論裡，我會提供一些例子，說明能量如何展現。不過本書對於每一個星座會有更多明確的介紹，所以這幾個例子不用刻意記住。

要注意的是，你的星盤跟這個範例不一樣，但是基本要點是一樣的。在此我不會說明每一個細節，因為對你而言會負擔太重。我將帶你研究其中幾個方面，可以幫助你深入了解自己，我也會教給你一些方法，讓你更容易融會貫通。

本書側重在研究每一個星座的行星與宮位。行星所在的宮位並不會加以介紹，但是使用我教給你的方法就可以自己解讀。本書還會提到角度相位以及流年行運（尤其第十五章），但是不會一一詳加細說。

然後要介紹的是每一個星座的能量、行星在每一個星座的落點，以及星座宮位。首先你必須先學會看懂星盤上的符號與元素。範例星盤上有編號幫助你閱讀。第220頁的詞彙表可以查閱行星與星座符號，在本書的每一部分介紹中也有涉及。

太陽 ⊙

太陽是我們的核心，自我（ego）；它是銀河與我們自身的中心組成準則。人格的大部分特性是以太陽星座為基礎，所以網路或者報刊上的星相專欄幾乎都是以太陽星座為主。太陽星座也是最容易確認的，因為只需要出生年月日就能找出來。太陽代表我們最常認同的自我。在星盤上，它通常被視為「男性」或者「父親」能量。它是我們目前的模樣，也是我們正在形成的模樣，是我們天生的性格，也是我們此生在學習成長的對象。出生星盤上的太陽代表生命、心臟、活力、本質，以及意識。

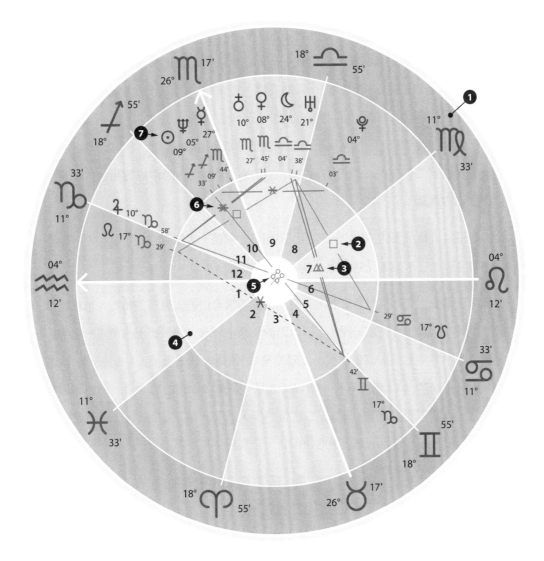

圖例：
1. 星座 **2**. 四分相 **3**. 三分相
4. 宮位與編號，逆時針方向
5. 對相 **6**. 六分相 **7**. 行星

出生星盤範例 星盤是一個輪形，也可稱為曼陀羅，分為十二個部分，就是宮位。一個黃道星座掌管一個宮位，每個宮位代表生命中某個特定的方面。根據此人的出生年月日、時刻、地點，星盤顯示出行星與其他星體在黃道中的落點。中間那些相連的線條代表星體之間的相位。

太陽星座代表你表達自我核心的方式——你在世上閃耀演出的那個部分。試著聯想一下太陽這個星體：熊熊燃燒，有時易爆，帶來生命，而且是金黃色的。你的太陽星座表達自己的方式，就是你在這個世上發光的方式。比如說，在這張範例星盤裡，太陽在射手座，所以常出現的形象就是尋求自由的流浪者，充滿好奇，但是偶爾也會有盲目的信心，以及古板守舊的傾向。與射手太陽形成的相位，反映出自由意志的選擇。

太陽是星盤上最重要的部分之一，所以不能單一解讀。太陽是你的自我核心，但不是你的全部。它永遠會受到星盤上其他要素的影響。

在範例星盤中，上升星座是寶瓶座，表示這個尋求自由的人也是獨特的，想法經常與眾不同。此人的月亮在天秤座，所以對於和諧平靜有一種情感上的需求。接下來看看星盤中其他元素的混合情況。太陽星座（這裡是一個火象星座），上升星座（這裡是風象星座），加上月亮天秤，所以此人是一個東奔西跑的思索者，猶如風煽起了火焰。太陽射手在十宮（關於十二宮位的深入解釋，請見第26頁），暗示此人喜歡在世途上奔走。這是一個天生的領導者，非常專注在事業上。

認識了這些落點位置，此人就可以了解自己對於自由與智性方面的需求，也會明白自己不適合一再重複的、無法激勵心智的事物。

💡 你知道自己的太陽星座是哪個嗎？

太陽在每個星座裡停留的日期，每年都會有幾天的變化，以太陽移動到下一個星座的時刻為準。這個移動的時刻可能在每個月的十八號到二十三號之間。如果你的出生日期在這個期間，就必須繪製出生星盤，才能確認。本書第二部分裡關於每個星座的日期只是一個參考。

深入了解並且接納自己的太陽星座，能夠幫助你了解如何在世上顯示自我。認識了太陽星座與宮位，你對於自己的選擇就會有更好的認知。有時候你稍微側重某一方面的需求特性，會比顧及其他需求更好。對於正面與負面的認定不是鐫刻在石頭上永誌不移的，在求知的過程中，你必須學習不要以黑白分明的觀點來考慮事物。

月亮 🌙

在星盤上，月亮體現的是你的情感。它是反射的、接納的能量，發出回覆與反應。月亮是你本能與直覺的那一部分，是你在無意識之間對這個世界做出反應的方式。太陽是你的自我，你在世上行動、發光發熱的那部分；月亮則是你的靈魂，最隱私、但也與周遭最有關聯，最敏銳的部分。

月亮是非常女性化的能量，在我們所有人的內在運作。她是母親，你的女性祖先，你的家，並且也是你對以上這些事物的看法。她代表你的所來之地，你的成長教養，以及你對周遭世界的感受方式。她那銀色的光輝，就像是你內在那種如鏡子般反射的能量；月亮上的陰影貌似人臉，這一點顯示出月亮人性化的一面，這也是在宇宙中能立刻感受到的能量。

我們在童年都是感性的；直到在成長過程中，社會告訴我們「太情緒化」或者「太敏感」是不好的。但是在我們的靈魂核心裡，我們的確是感性的。如果我們給自己這一面多一點空間，感受一下自己完整的狀態，會怎麼樣呢？從某方面而言，這也是本書的目標：教導你如何在情感、靈性、身體各方面，達到深層的自我接納，並且學習走上出生星盤顯示的更高遠的道路。深刻了解並接納自己的月亮星座與宮位，有助於了解自己對世上的外來刺激會如何反應。

一旦做到了深刻認識與接納，你就能有意識地做出選擇。比如說，月亮主宰巨蟹座，你的月亮正好在巨蟹嗎？如果是這樣，那麼你得知道這個落點讓你在情感方面

17

特別敏銳，也特別容易感受到他人的情緒。月亮巨蟹的人也更慈愛、以家庭為重心。這些特性無所謂「好」或「壞」。不過一旦你接納了這些特性的存在，你的意識就能幫助你處理這種深層的敏銳性，而不會把它貶抑為「錯誤」。以這種態度看待占星學，就是為了實現自身的能量，從而有意識地做出選擇。以月亮巨蟹為例，當你感到情緒受創的時候，你可以躲在被子裡好好哭一場，也可以去做一次療癒按摩，兩種選擇都不錯，不過對你來說其中一個感覺起來會更健康。

在範例星盤中，月亮在天秤，代表了此人喜歡美麗、和諧、通風良好的家宅。此人是天生的外交家；能夠同時著眼於事物的兩面，也幾乎能在所有情況下達到中庸。但是當事情需要討論交流的時候，這種傾向可能導致輕輕帶過，因為月亮天秤不喜歡互相衝突的能量。

上升點 ASC

上升點，也可以指上升星座，是星盤上的地平線——出生當時當地的東方地平線，在星盤上那條水平線的左端。在你出生當時，以你的視角，正處於東方地平線上的那個星座，就是上升星座。上升點是第一宮的宮頭(起始點)。

上升星座又被稱為面具。可以把它想像成你的接待員，在服務台一對一接待他人，是你的人格裡展現在他人面前的部分，也是被他人察覺到的部分。它代表你的外在，或者你在世上展現自己的方式。我比較喜歡「接待員」這個說法，因為上升星座並沒有「面具」那種偽裝的含意。它只是我們複雜的人格裡最先展現出來的那個部分。比如說，範例星盤的太陽在射手，表示此人的核心是個喜愛自由的哲人。再加上上升水瓶，代表比起其他上升星座，此人更加極端獨特。

下降點

下降點位於上升點的正對面，在第七宮宮頭，代表被你吸引的，以及對你有吸引力的人事物。它也代表被你自己捨棄、拒絕的那一部分。在此暫時不深入介紹下降點，我在解釋第七宮宮頭的時候會再談到（請見第27頁）。下降點提示我們如何找到生命中的特別伴侶，但這並不是指你的下降點就是對方的太陽星座。比如說，如果你的下降點是獅子座（如範例星盤），你會受到獅子能量的強烈吸引，這種能量可能來自太陽、月亮、上升星座，或者落入獅子座的幾個行星。

冥王星 ♀

在演化占星學裡，冥王星格外重要。從它落入的星座與宮位，可以看出我們在前世的核心演化目標（在前世未完成），而冥王星位置的對宮（星盤上冥王星的正對面）顯示今生的演化意向。比如說，出生星盤上冥王星落入第一宮，代表此人具有強烈的自我意識，但靈魂想學著在感情關係裡不要太霸道，與對方達到更平衡的狀態。

在範例星盤中，冥王星在天秤座八宮。此人前世在感情關係裡，不是太軟弱，就是太強勢。在這一世，靈魂的演化意向是想要肯定自我價值與獨立，不再重複過去軟弱／強勢的模式。

月交點

月球繞行地球的軌道，與地球繞行太陽的軌道，這兩個軌道的交點，即為月交點，也稱為蝕點，是兩個虛點（不是真實的星體）。月交點與冥王星——靈魂的渴望——必須一同參考，從南交點到北交點的演進道路，顯示你的靈魂將如何完成今生的渴

望；今生的渴望就是冥王星的對宮——星盤上冥王星的正對面位置。對於月交點深入了解之後，才能夠解鎖整張星盤，為你的個人發展提供方向。

南交點 ☋

南交點揭示了靈魂的習慣，是你內在最古老的能量。它是經歷許多前世、長久累積下來的靈魂能量。它是你在前世經歷的深遠過去，包含了你的靈魂在過去聚集起來的習慣與特質。

因為它是無意識的、本能的，所以有時看似負面，但是我把它視為一種「預設值」。我們的靈魂傾向於保持這種預設值，可是這麼一來，就局限了可能性與眼界。我們的目標是要體認南交點帶來的禮物與局限，進而解除這種無意識的依賴，有意識地朝著北交點的引力前進。

北交點 ☊

北交點是此生靈魂的演化方向。要到達北交點的路途並不輕鬆，因為它不是我們與生俱來的天性。我們的個人成長目標，就是要做到覺醒與認識，然後通過自己的選擇，去養成北交點的習慣與特質，藉以平衡南交點無意識習氣。人通常會從中年後開始有意識地進行選擇，但是有些人會在更早一點就有感覺，並且會下意識平衡南北交點的能量，這種感覺相當個人，只能透過自己察覺。

舉例來說，北交點在牡羊座三宮的人，靈魂的習慣是獨來獨往、專制武斷、說話不留情面，且經常自以為正確。然而透過星盤了解自己後，此人能夠提醒自己更關切其他人事物、嘗試與他人合作，並且將眼光放得更遠。

在範例星盤中，南交點在巨蟹六宮，北交點摩羯十二宮。此人的靈魂習慣於照料他人，以至於付出過多，到了接近勞役的程度。他的靈魂的目標，就是要放下過度付出的習慣，建立自己與他人的界限，這樣才能與群體形成更健康的連結。

相位

相位是行星之間的角度關係，就是星盤上那些行星落點之間的連線。它們把你的各種特質連結在一起，形成一個完整的故事。第十五章將介紹如何辨認及解讀相位，目前還不用完全了解。在此先介紹一些入門知識，現在讀來可能有一點深奧，不過再往後面看一點，就會有所了悟。

相位通常分為和諧相位與挑戰相位。一般認四分相（90°）與對分相（180°）充滿挑戰　，但是也帶來更多動力與魄力。合相（0°）、六分相（60°）、三分相（120°）是和諧相位，但是缺少促進成長的原動力，其中合相的力量最強，六分相的動力稍強於三分相。

相位顯示的是星盤上，行星與行星之間如何運作。在範例星盤上，金星與火星在天蠍成合相，與木星摩羯成六分相。這個組合值得深入探討，不過其中一種解讀是此人與不同性別的人都能建立良好關係，而且是一個能夠聚攏所有人的領導者。

行運

行星**目前**的位置與**出生時**的位置，這兩者之間的關係就是行運。出生星盤上並不會顯示出當前運行的行星與出生盤的行星及交點之間構成的相位。第十五章有更多行運介紹，解釋如何整合分析目前的行星運行與你的出生星盤，以及這些行星運行會如何引發個人成長。也就是說，行運顯示的是靈魂的哪一部分得到了成長發展的機會，而在目前或者某個特定時期，這種機會可能在哪種情況下到來。

比如說，假設你的出生星盤上太陽在牡羊座21°，第五宮，而目前冥王星在摩羯座21°，那麼冥王星的行運位置就與你的太陽成四分相。這時候就要看行運冥王星落入你的第幾宮，由此推論這個四分相將影響你的生活中哪個部分。融合運用本書提供的描述與關鍵字詞，你就可以看出這個行運相位可能帶來什麼改變。

我們必須先觀察外行星(冥王星、天王星、海王星、土星,木星)的相位,因為這些行星運行很慢,所以影響是長期的。內行星(從太陽往外到火星為止)運行速度快,則用來進一步解讀,它們的影響是比較短期的。

元素,陰陽特質,對宮

在此先大致介紹元素之間如何彼此平衡、是陰性或陽性、星座與宮位的對宮,在研究你出生星盤上的每一個落點之前,必須對你的星盤先有一個整體概觀。比如說,你是否火元素比重較重(好動外向)?你的大多數行星是否落在「陰性」特質星座?你的行星是否集中在星盤上的某一個區域,還是在兩個相對的區域(比較平衡但也有更多挑戰)?弄清楚這些,就能讓你對自己的靈魂藍圖有更深的認識。

元素

四元素是火、土、風、水,根據星座與宮位的特質,黃道十二宮被分別歸類到這四個元素之下。四元素與其特質分別如下:

火

火象星座是牡羊、獅子、射手,分別掌管第一宮、五宮、九宮。如果行星落在這些星座與宮位,此人多是行動派,自動自發、充滿活力,也有可能燃燒過猛而熄火。

土

土象星座是金牛、處女、摩羯,分別掌管第二宮、六宮、十宮。如果行星落在這些星座與宮位,此人多是腳踏實地、講求信用,願意擔負自己在塵世的責任。

風

風象星座是雙子、天秤、寶瓶，分別掌管第三宮、七宮、十一宮。風象星座與心智有關，偏重溝通思考。這些人是溝通者、分析者，對一切事物都充滿好奇。

水

水象星座是巨蟹、天蠍、雙魚，分別掌管第四宮、八宮、十二宮。水象星座偏重情感，直覺強、善變、敏銳，易感。豐富的同理心與同情心是水象星座鮮明的特質。

陽性與陰性特質

星座被區別為陽性或者陰性，但這是狹隘粗糙的定義，因為我們每個人都兼具陽性與陰性特質。不過傳統上星座的特質被區分如下：

陽性

陽性星座是牡羊、雙子、獅子、天秤、射手、寶瓶。他們比較外向，著重肉體的力量，同時專注在心智與動態的活動上，向外探索這個世界。

陰性

陰性星座是金牛、巨蟹、處女、天蠍、摩羯、雙魚。他們較為內向，內在力量強於肉體體能。他們比較善感，善於沉思和向內探索。

對宮

占星學所謂的對宮，指的是星座及宮位之間的相對位置。任何問題的正對面，往往就是答案所在，因此對宮關係非常有用。比如冥王星的對宮對於你此生的演化意向非常重要，因為這個對宮所在位置，就是你的靈魂嚮往的演化方向。

當你在研讀本書、著手練習的時候，注意觀察每一個落點的對宮，會有很大的幫助，因為你在對宮能找到解決一切難題所需的特質。比如說，你的太陽在牡羊，那麼個性可能相當火爆自我，那麼你可以有意識地學習牡羊對宮，也就是天秤座的特質，比如公平、尊重他人，從而克制自己的急性子。以下是六組星座的對宮關係：

- 牡羊／天秤
- 巨蟹／摩羯
- 金牛／天蠍
- 獅子／寶瓶
- 雙子／射手
- 處女／雙魚

以下是六組宮位的對宮關係：
- 一宮／七宮
- 四宮／十宮
- 二宮／八宮
- 五宮／十一宮
- 三宮／九宮
- 六宮／十二宮

接下來解釋每一組星座與宮位的對宮關係，他們有共同的主題，所以可以一同參考。

牡羊／天秤（一宮／七宮）

這是自我與他人之間的平衡。與此有關的主題是──要堅持己見，還是取得折衷？釐清在關係裡的自我形象。比如說，如果你有許多行星落在天秤七宮，你要學習的課題可能就是在關係中站穩腳跟，但也有可能你會擺盪到了另一頭，變得太固執。你的目標始終是這兩者之間的平衡。

金牛／天蠍（二宮／八宮）

傳統上對這兩個宮位的解釋，是「自己的財產與金錢」與「他人的金錢或得自他人的金錢」兩者之間的平衡。外在靈魂層面，這一組對宮是牡羊／天秤的延續，代表了「自我價值」以及「親密關係」之間的平衡。

雙子／射手（三宮／九宮）

這一組重點在於心智與思想。與雙子及第三宮有關的是對事物的認知、你的思想與言談、學習方式。射手與第九宮代表了較高層次的思維、高等教育、哲學，以及理解人生中的宏觀事物，比如信仰與價值觀。

巨蟹／摩羯（四宮／十宮）

巨蟹／四宮是內在的、隱私的生活，情緒上的安全感。摩羯／十宮是向外公開的自我、眾人眼中的你，是你在世上的形象。

獅子／寶瓶（五宮／十一宮）

獅子／五宮代表個人的自我表達、享樂、創造力。寶瓶／十一宮則是外在的、客觀的、群體與社會意識。

處女／雙魚（六宮／十二宮）

處女／六宮代表你服務以及指導他人的方式，顯示你在工作領域與日常作息中，會以何種態度與方式進行服務與監督。雙魚座與第十二宮都代表了無序、隱退、多變。

宮位

星盤分為十二等分，也就是十二宮位。在前一節有提到，每一個宮位分別由一個星座掌管，並且代表了生命中的特定面向，以下將逐一介紹。出生星盤是生命之輪，從誕生的上升點開始，按逆時針方向一步步前進，最後抵達十二宮——抽象意義上的成熟與死亡。

你的出生星盤上，行星代表你的**特質**，星座則是特質的**表現方式**，也就是這些行星在你身上會以什麼樣的形象展露出來。宮位則是特質的**運作領域**，顯示出這些行星與星座對你的哪些層面影響最大。將行星、星座、宮位、相位融會詮釋之後，你對於自己的天賦，以及可能碰上的阻礙就會有比較清晰的看法。明白了以上這些，你在演進與成長的道路上，就能有意識地做出選擇。

宮位分為六個個人宮位(第一宮到六宮)，以及六個人際宮位(七宮到十二宮)。個人宮位影響你的個人生活與內在思緒；人際宮位影響你的人際關係與公共生活。

- **第一宮**：第一宮主管你的生命力、自我意識、人格、外貌。這是初識時他人眼中的你(你投射出來的形象)、你在嬰幼兒時期的能力、你出生時的情況。比如說，如果你的土星在一宮，你生來就十分自律，並且能夠建立起良好的個人邊界。

- **第二宮**：第二宮主管你的內在資源、自尊、自我評價、價值觀、你與肉體與自然界的關係，賺錢與花錢的能力。如果你的海王星在二宮，那麼你的身體直覺可能比較強，傾向於透過觸覺與感官來體驗事物，因為海王星會吸收並且感受潛意識的能量，而金牛座與肉體及自然界有關。這個落點適合從事徒手治療，藉由觸摸他人的身體，發現對方的不尋常或不平衡之處。

- **第三宮**：第三宮主管的是交流與理解能力。它是你的言詞、寫作、思考與談論的主題，你的學習方式、基礎教育，以及你與手足及鄰居之間的關係。比如說，火星在三宮，此人是一個有話直說的溝通者，能夠把語言當作武器。

- **第四宮**：第四宮主管你家庭生活特質、安全感、住家、原生家庭、遺傳、祖系，你與父親或母親的關係。例如，木星在四宮，則此人家庭生活的活動範圍可能較大，或者在一生中經常搬家。

- **第五宮**：五宮主管自我表達、生活中的喜悅、戀愛、創造力、孩子、興趣、遊玩、休閒、享樂。比如說，金星在五宮，此人可能相當迷人、充滿活力，相處起來十分有趣。也可能會有自我中心，且希望別人也以他為中心的傾向。

- **第六宮**：六宮掌管的是服務以及監督他人、工作、健康、日常作息、學到的技能、飲食習慣、寵物。比如說，月亮在六宮，可能此人對於固定作息以及服務他人有一種感性上的需求。

- **第七宮**：七宮主管人際關係，人們對待你的方式、你與重要對象(包括伴侶)之間的關係、合作；是你隱藏的一面，也是你會在別人身上發現，並受到吸引的一面。比如說，冥王星在七宮，可能會受到在關係中非常強勢的人所吸引。

- **第八宮**：八宮主管親密關係(感情、心理、性方面的密切關係)、深層心理、薩滿信仰(一種心靈修煉方式，能深化意識，連結物質與能量世界)、禁忌、死亡(肉體與心理)、潛意識與靈性物質、與伴侶共享的能量。比如說，太陽八宮的人內心熱情，感情深流。

- **第九宮**：九宮主管更高層次的自我、宗教、哲學理念、向外擴展的動力、光源、高等教育、智慧、長途旅程、異國文化、靈性的經驗。例如，水星九宮的人喜愛通過研究、溝通探討哲學與文化。

- **第十宮**：十宮主管對外公開的自我、聲望、此生的任務、這個世界看待你的方式、事業的性質、權力與地位，你與父親或母親的關係。例如，水星十宮的人通常是具有權威的溝通者，有時候會有點頤指氣使，從事與交流相關的事業最是如魚得水。

- **第十一宮**：十一宮主管的是社群、團體、有創意的群體表達方式、理想、社會意識／政治、人道主義行動、新發明與新思想、未來、網際網路。比如說，天王星在十一宮，此人可能充滿創新精神，為群眾挺身而出能夠促進他的成長，但是這類行為有時反而可能導致群眾遠離。

- **第十二宮**：十二宮主管的是情緒反應與情緒障礙、無意識或者變化的意識狀態(夢、冥想)、神祕事物、魔法、創造力、神祕主義、退隱或者隱居、幽禁、限制、約束。例如，火星在十二宮，此人通常擁有很強的靈性動力，但通常祕不示人。

劫奪星座

我們經常會看到某些星座並沒有位於任何一個宮頭，這個情況就是所謂的劫奪（也就是該星座完全被包含於某宮位之中）。如果發現自己有星座出現劫奪現象，該星盤上一定還有其他星座被劫奪，這些星座都是成雙出現的對宮星座。以上這種情況是很正常的，表示你在該宮位裡同時有宮頭與劫奪兩個星座的能量。

黃道的特質

在占星學上，有三種不同的能量表現形式，而每種模式裡有四個星座。這三種模式就是開創、固定，以及變動。比如，在範例星盤中，南交點、冥王、天王、月亮、木星、北交點，都落入開創星座；金星、火星、水星在固定星座；土星、海王、太陽，都在變動星座。我們通常比較重視太陽與月亮（太陽與月亮的落點各三分，其他落點一分），所以此人的開創星座得分最高，這表示他是一個極佳的開創者。

現在看一下你的出生星盤，觀察你的行星落入哪一種星座、在哪個宮位，這樣可以找出你最擅長哪方面、最拙於哪方面。

開創

開創星座是開創者，它們喜歡新的開始與新計畫。開創星座包括牡羊、巨蟹、天秤、摩羯。開創宮位是第一宮、四宮、七宮、十宮（也就是將星盤分為四等分，其中每個四等分的起始宮位）。

固定

固定星座穩健而有耐力，它們堅守本分，順利完成任務。固定星座是金牛、獅子、天蠍、寶瓶。固定宮位是第二宮、五宮、八宮、十一宮（星盤上每個四等分的中央宮位）。

變動

變動星座能夠改變自己的外在以適應外在環境。變動星座是雙子、處女、射手、雙魚。變動宮位是第三宮、六宮、九宮、十二宮（星盤上每個四等分的結束宮位）。

深入研究黃道

自我特質無所謂好壞。自我不受特質限制。特質只屬於心智。

—— 聖者 拉瑪那．馬哈希

接下來在第二部分，我們將深入探討每一個星座，而重點放在成長以及統合星盤能量及元素。雖然你可能只想用第二部分來解讀你的太陽星座，不過我還是要提醒你，了解星盤上的所有能量，並且徹底運用，你將會獲益良多。每個人的出生星盤上都有十二星座，而行星落點強化了他們的能量，但沒有行星坐落的星座，不代表不會在你的人生中發生影響。

在範例星盤中，牡羊在三宮宮頭，雖然沒有行星落在三宮裡，但我們還是要把牡羊座的特質與三宮意義統合起來。由此看來，此人有話直說、堅持己見、思考清晰，也許不願聽取他人的意見。我可以用其他措辭來描述這些特質，但是以上這個解讀示範了如何融合星座與宮位。（在你讀完本書，並且做完每個星座的習題之後，請翻到213頁附錄A的個案研究，裡面示範了如何合併運用本書所有內容。）

占星學術語通常會把特質分為正面與負面、光明與陰影、高層次與低層次。但是

這些都是帶有價值判斷的說法，而在這本書裡把它們一視同仁，都是自我的元素，並且以雙面的觀點去看待。換句話說，在某些情況下，負面特質也可能昇華為正面的、有用的特質。以這種方式來運用占星學，就能覺醒並做出選擇，讓自己體現並發揮星盤上的能量。要牢記的是，這個過程並不是要你破除什麼惡習，而是要發揮你潛在的能量，讓你有意識地做出選擇——別忘了，我們總有選擇的權利。在本書中，我會示範如何在星盤上的每一個領域做出不同的詮釋。之前我曾說過，選擇無所謂好或者壞；它僅僅是選擇而已。一旦對於自己的出生星盤有了認識，你就能夠有意識地做出決定。

現在我們以星座為基礎，開始逐步了解宇宙的能量——我們需要一個起點，而太陽星座是最容易辨認的指標。我們的目標是要融合這些特質的描述字詞，創造出一幅全景讓你看清——在你的宇宙藍圖上，你能夠在哪些方面運用自覺與意志，朝自己希望的發展方向前進。這樣你就能與自己的靈魂藍圖同步運行，不需要太多外來指引。也就是說，你的覺悟使得你可以根據靈魂本身的特質、做出適合自己的判斷。

在接下來的每一章裡，我們將逐一介紹每一個星座。我的介紹是從符號學與薩滿信仰出發，也會涉及一些神話學。每個星座都有一段薩滿旅程練習（一種主動的冥想，讓你探索自己的心智，而非放空），帶你前往每一個行星，運用想像力幫助自己了解並且深刻體現行星的能量。同時還有機會讓你記錄自己的理解與思考。（我建議你準備一本專用的筆記本。）以這種方式來思考探索，能夠讓你深深認識這些能量——比複習一串串字詞更加深刻得多。

第二部分

黃道十二宮

第三章

牡羊座：公羊

世上最強大的武器，就是燃燒的靈魂。

—— 費迪南・福煦

日期：三月二十一日～四月十九日，頭尾日期視當年星曆而定。

元素	分類	守護星	掌管宮位
火	開創星座	火星	第一宮

牡羊座是開創火象星座，由火星掌管。它是黃道的第一宮，這一點很能說明牡羊座的特性。

代表牡羊座的圖形是一隻公羊。從古至今，公羊一直被視為決心的象徵。牡羊座的符號，畫的是公羊的大角，而薩滿信仰認為，動物的角能夠激發心靈活動。公羊有力、強壯，而且人們都知道，在力量的角鬥之中，公羊喜歡以頭角相牴。牠們顯眼的大角是地位的象徵，也是武器。這些都反映在牡羊座的能量之中。

牡羊能量是獨立的，自發、熱烈、開創、有侵略性、衝動，令人振奮。他們是固執實在的領導者，從不怯於率先嘗試。牡羊能量帶有正面的自我中心傾向，但是有時候會變得凡事以「我」為主。自我中心有時候是好事，有時則未必。具有牡羊能量的人必須知道，他們在前世曾經有無力感或者遭受阻撓、而今生可能會再次遭遇類似處境，如今他們必須敢為人先，把自己放在第一線。

牡羊身為開創星座，具有加倍的開創精神，自動自發、純樸、誠實，挑戰困難讓他們更有動力。牡羊能量與開創星座能量都是積極的，他們喜歡如火焰一般闖出一條新的道路。這種能量能激起新事物，好比一位激勵人心的演講者，能夠鼓動人們起身而行。他們經常會無視險阻、迎難而上，希望克服來自過去的恐懼。可是因為缺乏耐心，往往拙於完成，所以最好的情況就是開創然後授權他人，或者向他人負起責任。

牡羊易燃易炸，喜歡新的挑戰，而且經常冒險，不然就會感到不耐煩。他們深知自己喜歡什麼、要什麼，不喜歡浪費時間在跟他們不相襯的事物上。運用這種能量的良好方式是帶頭開始新計畫。比如說，太陽落在牡羊座十一宮，可能表示此人有動力去領導社群團體，又比如太陽落在牡羊座九宮，可能使此人成為宗教領導者，或者能夠明辨真理與自身本質。

在無意識的狀態下（沒有什麼覺悟，總是要向外尋求解答），牡羊能量可能轉為反應過於敏感、挑剔，汲汲於事事佔先、事事佔理。透過自知與選擇，牡羊能量可以轉向直面自我，挑戰自己的人生，而非總是挑戰別人。如果牡羊能夠不斷挑戰自己，面對那些讓他們恐懼的、為難他們的事物，那麼自我中心就是件好事——這樣他們就是在發揮自己的潛力，同時激勵他人。

讀到這裡，你對於牡羊能量已經有了概觀，接下來我們要研究各行星在牡羊座以及各宮位的表現。準備好你的出生盤，看看你有哪些行星在牡羊座、這些行星在牡羊座會如何運作，以及這些行星的宮位。接著找出這三者（行星、星座、宮位）對你有意義的關鍵字詞，就可以結合解釋這些能量，解釋的時候，你可以把關鍵字詞代換成自己選擇的同義字。列出這些資料，你就有了一幅意義清晰的全景，能夠進一步深入了解牡羊能量在你身上如何展現。真正的自知與選擇，就從此而來。有了這些知識護身，你就能夠選擇如何使用牡羊的能量，如何反應、如何行動，以及在這個世界上如何展現你的牡羊特質。

行星落入牡羊座

這一節簡要敘述各行星位於牡羊座的情況。在此我要提醒你，不要把這些敘述當作絕對的定義，而是要把它們當作跳板，想出意義相近的詮釋，嘗試解讀自己的星盤。這一章裡的描述及練習可以強化你的解盤技巧，用以描述牡羊能量與行星在你身上展現的情況。

月亮在牡羊座

月亮代表你的情感與情緒，落在牡羊座，表示你的情緒極為猛烈，脾氣來得快，去得也快。用最客氣的措辭來說，你就像黃道十二宮裡的嬰兒，衝動，喜歡追求樂趣，想要立刻滿足自己的需求。月亮牡羊從不試圖操縱他人，而是清晰表達出自己的情緒，但有時候會像刀子一般傷人。如果你的月亮在牡羊，你必須在發脾氣之前先暫停一下，讓自己有時間冷靜下來，思考回應方式。

水星在牡羊座

水星代表交流，落在牡羊座，你的言談清晰、簡潔、直接。表達想法的時候充滿熱情，而且不容暫停思考。水星牡羊是思想上的領導者與開拓者，永遠在創造新觀念，對新觀念持開放態度。他們的直截了當有時令人難以接受，因為他們並不擅長合作與傾聽。他們的長處在於勇敢、有新意，能夠激勵他人。如果你有水星坐落在牡羊，需學習聽取他人的觀點，這樣能讓你發現其他看法。

金星在牡羊座

金星代表愛、親密關係、樂趣、創造力，以及我們對於人生中物質與享樂抱有的價值觀。金星牡羊大膽有趣，喜歡直接追逐自己想要的東西，在人際關係與物質世界中尋求新鮮感與刺激。有些人覺得他們令人無法消受，不過如果你是金星牡羊，此生你的靈魂渴望建立親密關係，以幫助你發展勇敢深情的天性。你可以學習接納自己對於新鮮感的需求，並同時接納他人的需求（而不抹滅自己的天性）。

火星在牡羊座

火星掌管牡羊座，因此它的能量與牡羊座是一致的。火星代表你的意志與精力。當火星落在牡羊座，這些特質都會被放大，因此意志堅強、動力高昂、精力旺盛、喜愛競爭。受到壓抑的時候，會產生憤怒與攻擊性，所以你要以勇氣與直接的方式去發揮這種精力——把精力導向你所渴望的事物，而非用它來對抗你不想要的事物。

木星在牡羊座

木星代表向外擴張、信念、真理、自由，同時也代表了浮誇。木星牡羊影響的是你的自信、你所相信的真理、行動。比較極端的狀況是，認為只有自己的真理才是可信的，對於生命裡的一切哲學問題，只有你才有正確答案。如果你的木星在牡羊，需要學著持續探究真理、持續接觸陌生領域以及接納他人的想法與信念。當你為自己的信念挺身而出時，你要明白其他人也有同樣的權利，這樣才能真正成長。

土星在牡羊座

土星代表支配、決心、紀律。土星與牡羊都代表領導，所以這個結合能帶來非常傑出的領導能力。土星牡羊能克服極端的劣勢，達成目標，而且喜歡嘗試新事物，並進一步精進。土星賦予牡羊持久力，這個組合威力強大。必須牢記在心的是，仁厚的領導方式才會得到最佳結果，你得激勵他人，而非威逼他人。

天王星在牡羊座

天王星代表獨立、無法預測、打破常規。天王牡羊可能是天才的能量，充滿創意，能激發靈感，但這也代表不穩定的能量、善變與叛逆。天王星也象徵高層次的心智，如果你的天王星落於牡羊座，你可能會時常感到精神壓力與焦慮。靜坐冥想或者在大自然中徜徉，可以舒緩易怒的情緒。

海王星在牡羊座

海王星代表靈感、幻想、心靈上的敏感、療癒、無序。海王牡羊是想像力豐富甚至極端的幻想家，勇於啟動偉大的夢想。他們專注於夢想之上，以至於忽略了現實。如果你的海王星落在牡羊座，由於你已經非常專注在願景上，所以合作者必須能夠提醒你細節，而非幫助你擘畫願景，這樣才能相輔相成。

冥王星在牡羊座

冥王星代表靈魂，或者靈魂的渴望。冥王星在每個星座會停留大約二十年，因此這個強大的矮行星造成的影響是關乎整個世代的，也就是說，出生在這個世代裡的每個人，冥王所在星座都一樣。因此必須結合世代意義與你個人的冥王宮位，才能看清你個人的宇宙藍圖。

冥王星從1822年到1853年停留在牡羊座，下一次回到牡羊座是在2068年。因此目前在世的人，沒有人擁有冥王牡羊。擁有冥王牡羊的人通常會為了達到目的而走極端。由於牡羊能量具有直截了當的特質，會使冥王關乎權力及轉變的一面更加明顯直接。這是一個強大的結合，作家馬克吐溫、畫家莫內、發明家愛迪生，都是冥王牡羊。

南交點在牡羊座

如果你的南交點在牡羊座，那麼你靈魂的本能習慣是「以我為先」，具有侵略性、自恃、自私，行動時不考慮後果，而你正在學著放開這種本能習慣。南交點的習慣是本能的，因此顯現的多是無意識，或者不自覺的特質。

北交點在牡羊

如果你的北交點在牡羊，那麼你正在學著自立自強、培養自己的領導能力、以自己的意願為先，用開放健康的方式表達自己的憤怒，擺脫消極攻擊的行為，或者以他人為重心，自我價值低落的病態模式。

前往牡羊座守護星火星的薩滿旅程

在這個練習當中,你將透過薩滿旅程前往一個非日常的世界,也就是上界。這跟冥想有點類似,但是你能主動提問,尋求指引與解答。薩滿旅程是一種神奇的方式,讓你得到生命中的助力支援。從事薩滿旅程的頻率依你自己而定。首先在YouTube或者其他類似網站上搜尋「薩滿鼓聲」(Shamanic Drumming),從中選一首,長度十到十五分鐘(我自己尤其喜歡Shamanic Experience 還有Sandra Ingeman製作的)。一開始可以嘗試兩三首,找出自己最喜歡的。用耳機或者放大音量的效果最好。先讓自己處於舒適放鬆的狀態,然後按下播放鍵。

你可以躺在舒服的毛毯上,或者兩腳平放在地、採取舒適的坐姿。然後開始播放音樂,閉上雙眼。

想像自己身處某個出發地。我的出發地是一片草原,你的出發地可能是沙灘、山間、森林等等任何地方,無論眼前浮現什麼樣的地點,都不要懷疑。

想像自己身處其中,然後看看四周,有沒有一個靈性嚮導(通常是動物或者其他同伴,可能是神話裡的生物,甚至植物、樹木)。邀請你的靈性嚮導與你一起踏上旅程。接下來,找出通往上界的道路,可能是梯子、階梯、豆莖,或者你乾脆直接飛行。無論是哪種通路,都不要懷疑。

現在想像你前往火星——牡羊座的守護星。記住途中發生的每一件事情,與火星對話,提出問題。

在你的星盤上與火星及牡羊座有關的領域裡,火星能夠怎麼幫助你呢?

火星與牡羊座能夠怎麼幫助你自我成長呢?

關於前一個問題,火星可能會建議你一些方法,讓你在這些領域不那麼衝動、一觸即發;關於第二個問題,火星可能會教你如何體現星盤上的火星與牡羊能量。要記住的是,這段對話的中心思想是——你正在尋求最適合自己的方式、發展自己的能量。

對話結束之後,要向火星道謝,然後循來時路回到出發地。準備好,睜開眼,把這段旅程記錄在筆記本上。

牡羊座的宮位

在你的出生星盤上，牡羊座所在宮位顯示出你在哪些方面更為主動。在這些方面，你會很自然地成為領導者，行動與能量一致，但是你也可能在這個領域裡感到易怒。你要注意自己在這個領域裡有沒有以某些方式控制他人、不關心他人的看法與行動。

牡羊座在第一宮

如果牡羊座在你的一宮宮頭或者一宮裡，你是一個行動者、隨時準備出發，體能以及生理功能發達，高度自我導向。你永遠要搶佔第一，是出色的領導者。你的挑戰是學習與他人協力合作，這一點在你的天性當中頗為缺乏（除非星盤上有其他落點可以緩和），此外還要學習以身作則。

牡羊座在第二宮

牡羊座在你的二宮宮頭或者二宮裡，使得你有能力展現高度的自我與自尊——這可能是因為你能夠增加財富與物質所得，從而向世界證明自己的價值。但你必須了解，真正的自我價值來自內在、來自展現領導力與人格力量，這樣才能推動演化與成長。

牡羊座在第三宮

當牡羊座在你的三宮宮頭或者三宮裡，你與人溝通的方式清晰簡潔，學習速度飛快。你可以成為傑出的教師，但是必須避免不耐煩的傾向以及越俎代庖，要讓他人以自己的步調去理解，然後放手，讓他自己動手做。

牡羊座在第四宮

如果牡羊座在你的四宮宮頭或者四宮裡，那麼你可能在早年就建立了自己在原生家庭以外的身分，你比其他星座更早脫離家庭的影響。你不受外界干預、獨立自主。在家中掌控打理所有大小事會讓你很有成就感，甚至會督促別人照你的方式做，或者你會幫他們做好，不讓他們培養出自己的步調。第四宮也代表內在，所以你可能自我要求很嚴格。你要學著讓他人分擔你的任務，而且不要干涉他們的步調與方式。你可以經常想像一位寬厚的領導者在家中的形象，這是你的目標榜樣。

牡羊座在第五宮

在五宮宮頭或者五宮裡的牡羊座喜愛體能活動、動態遊戲，富有創造力。你可能是宴會與愛情的領導者，幽默風趣、充滿生命力。你的孩子可能有堅強的意志，但你對他們的要求較多，記住，專制的態度並不適合所有兒童。整體而言，這是能發揮火象星座強烈感情的宮位，對一切事物都充滿著熱情。

牡羊座在第六宮

如果牡羊座在你的六宮宮頭或者六宮裡，你在日常作息與工作上都充滿動力、有條有理，隨時處於備戰狀態。六宮也是服務與監督的宮位，因此你也會是一個好的領導者。但很重要的是，不要以主觀意識服務他人，而是思考「服務」的本質。此外還要適當授權他人分擔工作，因為你很可能一肩扛起，導致筋疲力盡、健康受損。

牡羊座在第七宮

牡羊座在七宮宮頭或者七宮裡，表示你在親密關係中非常直接。獨立主動的人相當吸引你，或者你在親密關係中會想要控制對方。你是熱烈的情人，有時候可能出現雙方互相角力的情況——就像公羊以頭角相牴。想像一下兩個人並肩而立、互相扶持、不支配對方，這樣的景象才對彼此有益。

牡羊座在第八宮

如果牡羊座在你的八宮宮頭或者八宮裡，很可能與你有親密連結的人會為你帶來利益。不過財富來自他人，可能會影響牡羊的自我認同感，因為牡羊喜歡的是自立自強。另一種可能是你會成為玄學世界的領導者，毫不畏懼探索最深奧的領域，並帶領他人進入那些神奇的境地。

牡羊座在第九宮

如果牡羊座在你的九宮宮頭或者九宮裡，那麼在旅行、高等教育以及哲學真理、人道主義等方面，你很容易就能成為領導者。牡羊的能量熱烈直接，因此你可能在某些信念上過於武斷，認為自己掌握的才是唯一真理，並以此教誨他人。最理想的情況是把這種能量使用在教導他人各種不同的哲理，幫助他們探索高層次的自我。

牡羊座在第十宮

如果牡羊座在你的十宮宮頭或者十宮裡，你的核心價值與你的事業或者人生使命是息息相關的。你渴望公眾與專業上的名聲，而他人也會以你的公眾行為與角色來評價你。第十宮及牡羊座都與「我是……」有關（無論是一對一關係，還是公開的領導者地位），因此你可能有獨裁的傾向，如果想要加以調和，就必須考慮他人。

牡羊座在第十一宮

如果牡羊座在你的十一宮宮頭或者十一宮裡，你會希望透過經營社群或人道主義活動來領導他人。你擅長社交，有一群又一群朋友，你喜歡與他們相處，而且通常是帶頭的角色。然而這些關係並不長久，因為牡羊通常找不到社群跟你一起不斷探索新事物，或者你會跟其他想帶頭的人發生衝突。冥想可以讓你放慢腳步，加深你與他人的聯繫。

牡羊座座在第十二宮

與牡羊座相關的是自我意識與認同，而第十二宮代表了集體無意識，還有個人與冥想及神祕事物之間的連結，如果牡羊座在你的十二宮宮頭或者十二宮裡，你會感到有點迷惘。在這個位置，牡羊能量會受到其他能量擠壓或者抑制。你可能會有無力感，無法為自己或他人採取主動。你必須知道，「我」事實上與所有事物連結，認同集體就能讓你在集體中看清自己，讓你在無私服務他人的同時不會喪失自我，如此才能夠成長。

牡羊座增進溝通技巧的策略

牡羊座的思考與行動非常敏捷，而且自我中心，不太會顧及他人，也不聽取他人的意見，因此經常阻斷暢通交流的渠道。以下這些要訣可以幫助你改善溝通技巧。

1. 提醒自己全神貫注在溝通的對象身上。努力保持專注，不要分心。這樣能夠讓你的意見更容易被接受。

2. 在自己說完之後，暫停一下，給其他人反應的機會，也讓自己有時間傾聽他人的意見。

3. 注意自己的溝通方式。你的身體語言與說話聲調會影響他人對你的看法，而牡羊座經常無意間讓人很有壓迫感。想要讓他人樂於接受你的意見，就要把姿態與聲調放柔和一些。放慢語速也很有幫助。

牡羊座個案研究

莎拉的出生星盤有如下落點：

- 太陽牡羊在第七宮
- 月亮天秤在第二宮
- 上升點處女座

在這個案例裡，我們要看的是太陽、月亮、上升點。在213頁附錄A的案例則會整合星盤上的其他元素。

現在莎拉必須做一個重要決定，但她猶豫不決。月亮天秤的人經常有這種情況。在研究了自己的出生星盤之後，她確認自己是一個開拓者（太陽在第七宮），在情感上傾向當一個調解者（月亮天秤特質被太陽七宮加重），她的面具則是一個廣受信賴的完美主義者（上升處女）。由於月亮天秤在第二宮、而太陽在第七宮，帶來合作及服務他人的能量，緩和了太陽牡羊座的獨立性。

為了協助她做出這個重要決定，她的星盤建議她稍微集中心神（牡羊座），審視自己如何服務他人（處女座的服務特質）。

牡羊座的靈魂

任何一個太陽星座的人格與行為，都受到出生星盤上其他落點與相位的影響。如果你的太陽星座是牡羊座，那麼你跟其他太陽牡羊的人會有共通之處，但是你依然是獨一無二的你。比如說，太陽牡羊與上升點巨蟹，比起太陽牡羊上升點摩羯，前者比較喜歡獨處甚至害羞，後者看起來比較嚴肅保守。又比如太陽與月亮都在牡羊，比起太陽牡羊月亮天蠍，前者比較容易激動專斷，後者則傾向於隱藏情感。由此可知，想要全盤描繪出個人藍圖上的可能性與潛力，就必須融合所有行星、宮位、相位，以及行運，這一點至關重要。

火星與牡羊座的筆記練習

準備好你的筆記本，選一個安靜的時間與地點，來看看你的出生星盤。先看火星與牡羊座。看火星落入的星座，還有火星與牡羊座的宮位。參考39頁的牡羊座宮位，也能大概知道火星在各宮位的情況。

把本書裡以及你從薩滿火星旅程得到的關鍵字詞寫在筆記本裡。思考自己在人生中以什麼方式展現這些能量，並且思考自己如何有意識地選擇發展這些能量，而非只是對外界做出反應。比如說，如果你的火星或者牡羊座在五宮，你可能會過度控制自己的孩子，或者脾氣暴躁。透過思考與覺悟，你可以學著在對外界爆發怒火之前先暫停一下（默數一、二、三或者深呼吸一口氣）。把你的想法寫在筆記本裡。

透過筆記練習以及薩滿火星旅程，你就可以真正了解自己星盤上的能量，選擇在人生中如何有效的發揮與體現。

以下幾件事必須加以考慮，協助你在人生的不同領域發揮牡羊特質。首先要記住的是，這是你靈魂的自主選擇，讓你在這些領域更加活力充沛、熱情、自信。你可以選擇徹底發揮牡羊座正面特質。

一般性的個人發展

對牡羊座來說，引起最多問題的就是他們對外界迅即且大動作的反應，而且容易生氣。有時候這是好事，因為牡羊座在學著表達自己，不壓抑天生智氣。但是在做出反射動作之前暫停一下，處世會更加成熟，也能避免做出未經思考的莽撞決定。

親密關係／人際關係

如果要分析一張星盤，尤其是人際關係的時候，看看對宮位置會非常有幫助。牡羊座的對宮是天秤，掌管合作、協力、傾聽／冥想。這並不是要你完全變成天秤，而是當你與人交往的時候，若融合一些天秤的特質，這樣有助於建立更圓融的關係。

達成目標

牡羊十分擅長設定目標。然而更大的難題是持續努力。想改進這一點，可看看你的土星落點，利用土星的能量，或者尋找能夠讓你保持「雙腳向火」(負起責任)的合作夥伴，朝著目標繼續努力。

事業

想要完整分析哪一種職業適合你，必須考慮第十宮宮頭(天頂)、第十宮星座的守護星，以及第十宮裡的行星。比如說，太陽牡羊在三宮，十宮宮頭是天蠍，而天蠍的守護星冥王與上升摩羯成合相，則此人適合的事業種類為治療師、外科醫生、科學家(天蠍十宮)以及探索未知事物。此人也很有潛力成為業界權威(冥王／摩羯上升)。

45

第四章

金牛座：公牛

我們的智慧都儲存在樹木裡。

—— 桑托什・卡瓦爾

日期：四月二十日～五月二十日，頭尾日期視當年星曆而定。

元素	分類	守護星	掌管宮位
土	固定星座	金星	第二宮

金牛座是固定星座，守護星為金星。它是黃道第二宮，也是成長的第二階段，我們開始瞭解「我的……」，感受到自己的身體範圍，以及自己擁有的物質實體。

金牛座的代表圖像是一頭公牛。在許多文化裡，公牛象徵著豐饒，並且用於獻祭。神話傳說中也頻頻出現公牛，古埃及神祇歐斯瑞斯常以公牛頭示人，最著名的希臘神話則有人身牛頭的怪物——邁諾陶。

公牛代表著穩健，以及有矢而發的力量。公牛給人富足感，且繁殖力強；除非被激怒，否則行動一向緩慢穩妥。牠們頑強、刻苦耐勞、耐力十足。我們形容脾氣倔強的人為「蠻牛」，　可見金牛一旦被激怒會有何反應。金牛座的符號是太陽（男性）加上新月形（女性）的雙角，象徵著豐饒與繁殖力。

就跟公牛所代表的意義一樣，金牛座體現的是動物的智慧。金牛座是天生的建設者，有耐性、實際且忠誠，而且金牛座與身體及物質世界之間有一種與生俱來的縝密連結。牡羊負責開創，而金牛為創新的事物賦予實體、並且讓它們能夠長久留存。身為固定星座，金牛因此很有耐力、可靠、意志堅定，願意不計任何付出去完成自己決定的目標。金牛能量的特質之一是穩重固執，有時完全不為所動，你愈強迫，他愈抵抗。金牛座是最能享受當下的一個星座，他們樂於安靜端坐，感受四季更迭、時空流轉，他們喜歡就這麼單純的**存在**。

金牛也相當重視感官。太陽金牛善於透過觸覺、美食、舒適的環境、周遭溫度，以及物質上的各種享受來詮釋這世界。他們在情感與財務上通常很獨立，而且無法理解那些在這方面不獨立的人。比如說，如果太陽金牛在三宮，此人在思考過程通常很慎重，也不會輕易改變自己的觀點。又比如太陽金牛在五宮，此人可能是有耐心且慈愛的父母，但是很堅持兒女必須完成自己的期待。

若金牛座能量發展過度，可能會有強烈的佔有欲、頑固，並執著於物質世界的安全感。他們善於建構穩固的物質生活，這本該是一項良好特質，然而如果只是為了擁有而囤積，那麼這項特質就會顯得不那麼正向。金牛可能極為任性，到了對他人感受完全視而不見的程度，但透過覺悟與自知，金牛可以選擇放鬆自己對於人事物與既定觀點的執著。

接下來我們要研究各行星、各宮位落在金牛座的表現。準備好你的出生盤，看看你有哪些行星在金牛座，以及這些行星的宮位。接著找出這三者(行星、星座、宮位)對你有意義的關鍵字詞，就可以結合解釋這些能量，解釋的時候，你可以把關鍵字詞代換成自己選擇的同義字。列出這些資料，你就有了一幅意義清晰的全景，能夠進一步深入了解金牛能量在你身上如何展現。真正的自知與選擇，就從此而來。有了這些知識護身，你就能夠選擇如何使用金牛的能量，如何反應、如何行動，以及在這個世界上如何展現你的金牛特質。

行星落入金牛座

這一節簡要敘述各行星位於金牛座的情況。在此我要提醒你，不要把這些敘述當作絕對的定義，而是要把它們當作跳板，想出意義相近的詮釋，嘗試解讀自己的星盤。這一章裡的描述及練習可以強化你的解盤技巧，用以描述金牛能量與行星在你身上展現的情況。

月亮在金牛座

月亮代表你的情感。金牛座與月亮都有柔和、被動接受的特質，所以月亮金牛情緒是反應多於主動，而且抗拒改變。月亮金牛人喜歡為生活營造安全感與踏實感，重視它們用來包圍自己的實物。與其他落點比起來，月亮金牛著重享樂，把安逸視為第一要務，所以與他們結伴令人十分舒適。如果你的月亮在金牛，要留意自己在哪些情況下會感覺受到強迫而執迷不願改變。反省你的內在，問問自己，也許做出改變才是好的。

水星在金牛座

水星代表交流與思路，落在金牛座則會顯得緩慢且深思熟慮。水星金牛透過自己的感官接收訊息，包括聆聽、觀察、觸摸（如果可以的話）、品嚐，以及內心直覺。他們信任明確的想法，以及符合自然規律的訊息，但是如果發生的事態與自然規律相違的時候，金牛這個特點就有點麻煩了。水星金牛通常會有一副廣受歡迎的好嗓子，經常能成為偉大的歌手或主持人。如果你的水星在金牛，別人可能會覺得你的沉思令人心焦，甚至以為你很懶散，若是你能直說自己需要時間讓想法思緒成形，對於溝通會很有幫助。

金星在金牛座

金星代表愛、親密關係、樂趣、創造力，以及我們對於人生中物質與享樂抱有的價值觀。金星是金牛座的守護星，因為金星有著世俗且物質的一面，這與金牛能量是一致的。金星金牛人強壯而重視感官，不喜歡戲劇性的情緒爆發，需要時間才能做

出承諾，可一旦做出承諾，卻很忠實甚至佔有欲強烈。他們在親密關係上是這樣，對於自己擁有的物品也是這樣。金星金牛往往顯得很保守，需要時間慢慢考慮某人某物是否太不切實際。亮麗的外表固然能吸引他們，但是他們面對感情總是能不疾不徐，因為除了外表，他們也重視氣質。這個落點的唯一缺點是他們對於人事物會太執著——即使擁有這些人事物的最佳時機已經過去了。如果你是金星金牛，練習放手就是一生的課題。

火星在金牛座

火星代表你的意志、動力和精力，落在金牛座裡，賦予了這些能量非常強大的持久力與決心，會朝著目標持續努力，根本不在乎需要多少時間才能完成。火星與金牛能量都集中且專注，不會貪多嚼不爛，因此金牛座堅定不移的信念在這個位置格外強大。但是當他們的目標顯然不會有結果的時候，他們仍然抗拒改變或轉向。如果你有火星金牛，學著有時候做點調整，校準軌道，對於適應會很有幫助。

木星在金牛座

木星代表擴張、信仰、真理、自由，但是也代表了浮誇。在充滿創造力的金牛座裡，木星富饒而強大。木星金牛人相當輕鬆就能創造出物質財產與富足的生活，而且往往沉湎於生活中的精緻享受，甚至過分耽溺於各種樂趣。如果某種思想能夠為物質世界帶來改變與實際的結果，那麼就很能吸引他們。如果你注意到木星金牛的威力，就能放棄貪婪佔有，選擇慷慨大方地與人分享你豐富的收穫。

土星在金牛座

土星代表技藝精湛、決心、紀律。土星與金牛都有腳踏實地的特質，對目標展現出極端的決心與持續力；但是這個位置並不輕鬆，土星金牛人必須苦幹實幹，才能得到自己希望的一切，而且由於土星的陰影是害怕自己有所不足，所以比起其他落點，土星金牛會加倍驅策自己，甚至會否定自己的勞動果實。如果你是土星金牛，

必須重新評估並且肯定你個人的核心價值，這樣能讓你放開土星金牛的「嚴酷」特質，享受自己的成果。

天王星在金牛座

天王星代表獨立、無法預測、打破常規。天王星在金牛座，為金牛的穩定能量增添了起而行的動力，而且經常有創新的點子與方法。與其他落點比起來，這個位置似乎比較樂於改變，但是我們也得記住天王星掌管寶瓶座，而寶瓶座與金牛座一樣是固定星座，所以天王金牛一旦決定了自己的行動步調，他們的創新特質可能就會帶點固執的傾向。學著更有彈性、聽取他人的想法，這樣會很有幫助。

海王星在金牛座

海王星代表靈感、幻想、心靈上的敏感、療癒、無序。海王金牛對於金錢與物質資源擁有願景與理想，而且通常能夠實現他們的願景。對於自然，他們有一種近乎玄祕的連結感，而且他們的直覺通常與「實際接觸」有關——也就是藉由觸覺來體會。但是萬一想法無法落實，海王星那種朦朧與幻想的天性可能會導致抑鬱或成癮，因此你必須注意自己是否有這方面的症候，必要時要尋求專業協助。

51

冥王星在金牛座

冥王星代表靈魂，或者靈魂的渴望。冥王星在每個星座會停留大約二十年，因此這個強大的矮行星造成的影響是關乎整個世代的，也就是說，出生在這個世代裡的每個人，冥王所在星座都一樣。因此必須結合世代意義與你個人的冥王宮位，才能看清你個人的宇宙藍圖。

冥王星從1853年到1885年停留在金牛座，下一次回到金牛座會在2098年。因此目前在世的人，沒有人擁有冥王金牛。冥王金牛人能夠以合乎邏輯且堅持到底的方式，帶來財富的轉型。當冥王金牛下定決心投入創造，會不屈不撓地追求自己的目標，很可能會因此忽略其他潛在的力量。心理學家卡爾榮格、佛洛伊德、甘地、愛因斯坦，都是冥王金牛。

前往金牛座守護星金星的薩滿旅程

在這個練習當中，你將透過薩滿旅程前往一個非日常的世界，也就是上界。這跟冥想有點類似，但是你能主動提問，尋求指引與解答。薩滿旅程是一種神奇的方式，讓你得到生命中的助力支援。從事薩滿旅程的頻率依你自己而定。

首先在YouTube或者其他類似網站上搜尋「薩滿鼓聲」(Shamanic Drumming)，從中選一首，長度十到十五分鐘（我自己尤其喜歡Shamanic Experience還有Sandra Ingeman製作的）。一開始可以嘗試兩三首，找出自己最喜歡的。用耳機或者放大音量的效果最好。先讓自己處於舒適放鬆的狀態，然後按下播放鍵。

你可以躺在舒服的毛毯上，或者兩腳平放在地、採取舒適的坐姿。然後開始播放音樂，閉上雙眼。

想像自己身處某個出發地。我的出發地是一片草原，你的出發地可能是沙灘、山間、森林等等任何地方，無論眼前浮現什麼樣的地點，都不要懷疑。

想像自己身處其中，然後看看四周，有沒有一個靈性嚮導（通常是動物或者其他同伴，可能是神話裡的生物，甚至植物、樹木）。邀請你的靈性嚮導與你一起踏上旅程。接下來，找出通往上界的道路，可能是梯子、階梯、豆莖，或者你乾脆直接飛行。無論是哪種通路，都不要懷疑。

現在想像你前往金星——金牛座的守護星。記住途中發生的每一件事情，與金星對話，提出問題。

在你的星盤上與金星及金牛座有關的領域裡，金星能夠如何幫助你呢？

金星與金牛座能夠如何幫助你自我成長呢？

關於前一個問題，金星可能會建議你一些方法，讓你在這些領域試著不那麼頑固；關於第二個問題，金星可能會教你如何體現星盤上的金星與金牛能量。要記住的是，這段對話的中心思想是，你正在尋求最適合自己的方式、發展自己的能量。

對話結束之後，要向金星道謝，然後循來時路回到出發地。準備好，睜開眼，把這段旅程記錄在筆記本上。

南交點在金牛座

如果你的南交點在金牛座，那麼你靈魂的本能習慣是依附與眷戀，而你正在學著放開這種習氣，不再留戀那些無法幫助你演化的人事時地物。

你非常需要安全感，因此很難放棄控制財務活動或者自身創造財富的能力，而且你會依戀事物長久不變的樣貌，以至於無法挖掘其他的潛力。因為南交點的習慣是非常本能的，往往更能顯示出無意識的、自己沒有感覺到的金牛座特質。

北交點金牛座

如果你的北交點在金牛座，那麼此生你希望學習活在當下，擁抱物質世界與工作。你的演化動力是想要在現實當中更加腳踏實地、自給自足，減少對他人的依賴。

金牛座的宮位

在你的出生星盤上，金牛座所在宮位顯示出你在哪方面更實際、更有耐力，更有實現的能力。在這個領域，你能夠很自然地創造出富足與豐收。同時也要注意你在哪方面可能會顯得頑固而反對改變。

金牛座在第一宮

如果你的金牛座在第一宮宮頭或者一宮裡，你最重視的是他人對你的看法，以及他人對於你的成果的看法。你在眾人面前展現出的特質是穩健、實際、謙遜、有耐性，但有時可能是被動而且頑固的。你不喜歡別人給你壓力，而需要安撫哄誘。要注意在什麼情況下，你會感覺受到壓力而導致抗拒，這樣可以幫助你區分自己到底是有意識地選擇不接受，還是純粹因為不高興受逼迫所以抗拒。

金牛座在第二宮

金牛座掌管第二宮，所以金牛座在第二宮頭或者二宮裡都會賦予你強烈的欲望，讓你追求豐富的物質生活——你很可能非常會賺錢。第二宮與金牛座也掌管了個人的核心價值觀，因此你必須認識自己在物質財富之外的價值，避免太過拜金。

金牛座在第三宮

如果金牛座在你的第三宮宮頭或者三宮裡，你在開口說話之前必先慎重思考。你擅長與人交涉，擅長一切需要慎重考慮的事物，因為你不會因為受到外界壓力就貿然做出判斷。反面的缺點就是不願變通、不願傾聽他人觀點，所以學著接納他人的看法會很有幫助。

金牛座在第四宮

如果你的金牛座在第四宮宮頭或者四宮裡，對你而言，家與家人非常重要，你需要一個安全舒適的家，裡面布置著你喜愛的物品。你的住宅通常很寬敞，而且能夠讓你與自然保持連結。你的年紀愈長，就愈喜愛家庭生活，喜歡盡量待在家裡，布置出一個祥和的環境，徜徉其間。這種特質的唯一缺點就是你可能會太依戀物質，而忽略了真正的家其實在你的內心。練習冥想能幫助你發展精神生活，產生真正的安全感。

金牛座在第五宮

金牛座在第五宮宮頭或者五宮裡，你很能欣賞美，而且通常很有創意，尤其在創造實際的事物方面。在親密關係中，你需要柔情蜜意，與一個全心為你奉獻的人在一起最能讓你快樂。你對自己的每一個孩子都感到自豪，不過也有可能會把他們視為你的「所有物」；如果他們不願走上你安排好的道路、選擇了自己的人生，你可能會很難諒解他們。要學著把他人當作獨立的個體看待，而非你的所有物。

金牛座在第六宮

如果你的金牛座在第六宮宮頭或者六宮裡，你工作勤奮可靠，習慣以豐厚的薪資來確認自我價值。但是你可能會太偏重這方面，以至於一直在有酬勞的工作中尋求自我認同，而忽略了服務的利他主義。最適合你的工作是能夠滿足你的五感，並且與你的價值觀一致的，從事這類工作讓你感覺最好。

金牛座在第七宮

如果你的金牛座在第七宮宮頭或者七宮裡，那麼最吸引你的人是忠誠、穩定、具有安全感的伴侶，或者是你自己能夠為雙方關係帶來這些特質。你可能傾向於將伴侶或合作對象視為所有物，或者佔有欲強的人會吸引你。在這兩種情況之下，你都要學著明白，真正的穩定來自內在。

金牛座在第八宮

如果你的金牛座在第八宮宮頭或者八宮裡，與你有親密連結的人可能會為你帶來物質上的收穫，而且你總能自適地接受。在靈魂層面上，你會積極尋找隱藏的真理，鑽研潛意識與心理學的領域。值得注意的是，這種探索不是只為了證明自己的看法，你要對不同的觀點抱持開放的胸襟。

金牛座在第九宮

如果你的金牛座在第九宮宮頭或者九宮裡，那麼在思想、哲學、真理、自由等概念上，你很可能是一個傳統主義者。你固守自己原有的、能夠接納的認知，比如你可能會一直信奉自己從小在家中接觸的宗教，或者遵循傳統的教育路線。你面臨的考驗是避免教條傾向，別在他人身上強加自己的信仰。試著去尋求個人的靈性體驗，而非執著於信仰的外在形式。

金牛座在第十宮

金牛座在第十宮宮頭或者十宮裡，你在公開領域的聲望來自於物質方面的成功。你的動力來自地位與財富，而非對他人的助益。不過你很有魅力，如果你放開對累積財富的執著，那麼你在物質與精神雙方面都能成功。

金牛座在第十一宮

如果你的金牛座在第十一宮宮頭或者十一宮裡，你喜歡與一小群一小群朋友相處，非常忠於自己所屬的團體。你可能會試圖向人炫耀自己的財物，或者你總能吸引那些擁有財富的人。你能夠輕鬆融入提倡人道主義的基金會或者募款社群之類的團體，從事這方面的活動可以減輕你自滿自溺的傾向。

金牛座在第十二宮

金牛座與自我價值有關，而第十二宮代表了集體的無意識，並且與靈感及神祕體驗有關。當金牛座位於第十二宮宮頭或者十二宮裡，這個領域的不可捉摸與易變經常會讓你感到難以理解，因為你喜歡的是實實在在的事物。金牛座與第十二宮都有被動的特質，你必須注意這一點，這樣可以幫助你主動找出自己在哪些活動與領域能夠幫助他人，進而體認到超越自身以外的、精神上的意義。

金牛座個案研究

比爾的出生星盤有如下落點：

- 太陽金牛在第十二宮
- 月亮獅子在第二宮
- 上升點雙子座

在這個案例裡，我們要看的是太陽、月亮、上升點。在213頁附錄A的案例則會整合星盤上的其他元素。

金牛座增進溝通技巧的策略

金牛座經常會發現自己不知變通，而周遭卻是一個瞬息萬變的世界。以下策略能夠幫助金牛座拋開這種頑固的特質。

1. 如果某個外在力量要求你採用不同的做事方式，你必須有意識地動用直覺問問自己，自己是因為不喜歡受到壓力而抗拒，還是真心拒絕。換句話說，你拒絕這個選擇是因為它不是最好的？還是因為你很頑固，所以拒絕考慮新做法能帶來的可能性？

2. 對於任何讓你不舒服的建議與改變，花點時間列出優缺點。你可能會發現優點多於缺點，進而決定嘗試一下。你也可能會發現缺點的確很多，所以應該拒絕。

3. 當你的身體感到僵硬，就需要格外注意。金牛座進入頑固狀態的時候，經常會身體僵硬。你要調整呼吸，讓呼吸律動通過身體僵硬的部分，這樣就能感覺出這種僵硬是否來自於對未知事物的恐懼。如果答案是肯定的，那麼就要詳加觀察，找出問題所在。

比爾非常隨和可親，喜愛與朋友相處，但是他經常感到這些活動使自己筋疲力竭，太陽十二宮人通常會有此情況。研究了他的出生星盤之後，他認為自己擁有嚮往安靜的靈魂（太陽在十二宮），情感上卻傾向於當一個表演者（月亮獅子），給人的印象則是妙語說書人（上升雙子）。因為比爾有月亮獅子第二宮，加上上升雙子，這兩個比較外向的落點，沖淡了太陽十二宮的沉默與被動特質。

他的星盤顯示，他需要享受社交場合／公開場合，但也應該為自己安排獨處安靜的時間，別讓自己不斷處於來往奔波的狀態。

金牛座的靈魂

任何一個太陽星座的人格與行為，都受到出生星盤上其他落點與相位的影響。想要全盤描繪出個人藍圖上的可能與潛力，就必須融合所有行星、宮位、相位以及行運。

如果你的太陽星座是金牛座，那麼你跟其他太陽金牛的人會有共通之處，但是你依然是獨一無二的你。比如說，太陽金牛與上升射手，比起太陽金牛與上升天蠍，前者比較外向而有彈性，後者比較注重隱私而且不輕易讓步。又比如太陽金牛與月亮天秤，比起太陽金牛與月亮處女，前者更有創造力，後者則傾向於奉行常規與例行公事。

以下幾件事必須加以考慮，這樣可以幫助你在人生的不同領域發揮金牛能量。首先要記住的是，這是你靈魂的自主選擇，好讓你在這些領域更加深思熟慮、可靠、穩當。你可以選擇徹底發揮金牛座正面特質。

一般性的個人發展

金牛座最大的人生課題是他們的頑固與佔有欲。當金牛座專注在自身需要的時候，這種特質是好的。但是要學著平衡自己與他人的需要，這樣有助於減輕這種能量對你的控制。

親密關係／人際關係

觀察一下金牛座的對宮天蠍座，它代表深層的直覺、熱情，以及強烈的情感。學著信任自己的直覺，允許自己建立更深刻的情感連結，這樣能讓你的關係更加豐富。這並不是要你完全變成天蠍，而是當你與人交往的時候，你應該融合一些天蠍的特質，這樣有助於建立更完滿的關係。

金星與金牛座的筆記練習

準備好你的筆記本，選一個安靜的時間與地點，來看看你的出生星盤。先看金星與金牛座。看金星落入的星座，還有金星與金牛座的宮位。參考53頁的金牛座宮位，也能大概知道金星在各宮位的情況。

把本書裡以及你從薩滿金星旅程得到的關鍵字詞寫在筆記本裡。思考自己在人生中以什麼方式展現這些能量，並且思考自己如何有意識地選擇發展這些能量，而非只是對外界做出反應。比如說，如果你的金星或者金牛座在第一宮，你可能會過度在意他人對於你物質成就的看法。透過思考與覺悟，你可以選擇放下這種需要，不再汲汲於令他人欽羨你的物質成就。把你的想法寫在筆記本裡。

透過筆記練習以及薩滿金星旅程，你就可以真正了解自己星盤上的能量，選擇在人生中如何有效的發揮與體現。

達成目標

金牛座擅長實現計畫，達成目標。比較麻煩的是思想和行為的僵化，因為他們覺得很難調整速度與方向。想改進這一點，先找出你的水星落點（水星代表心智），看看如何調整你的思緒。比如說，如果水星在第三宮，那麼練習有條理的列舉優點和缺點，可以讓你敞開心胸，接納新的觀念。如果水星在第七宮，那麼與他人的腦力激盪會讓你受益。

事業

想要完整分析哪一種事業適合你，必須考慮第十宮宮頭（天頂），第十宮星座的守護星，以及第十宮裡的行星。比如說，如果太陽金牛搭配十宮宮頭寶瓶、海王星（掌管第十一宮）在第十一宮、天王星在第十宮，則此人可能對科技領域情有獨鍾，也可能被人道慈善事業所吸引，那麼就可能從事以科技解決環保問題之類的事業，或者可能從事疾病的自然療法等研究。

第五章

雙子座：雙胞胎

藉由觀察方法，改變觀察所得。

—— 強納森·洛克伍德·惠伊

日期：五月二十一日～六月二十一日，頭尾日期視當年星曆而定。

元素	分類	守護星	掌管宮位
風	變動星座	水星	第三宮

雙子座是風象變動星座，守護星為水星。在這個黃道第三星座裡，我們開始注意到自己的意識，注意到自己與這個世界及他人之間的連結與區別。

雙子座的代表圖像是一對雙胞胎，符號是兩條平行豎線，在兩端以橫線相連，因此既有分離，又有相連。所有文化的神話與傳說中，都會出現雙胞胎。雙胞胎象徵著神祕的相同，也象徵著神祕的相異，彼此之間既深刻連結，也激烈競爭。著名的雙子座神話包括希臘神話中的阿波羅與阿耳忒彌斯。前者是太陽神，後者是月亮女神，代表了宇宙的雙重天性。埃及神話裡的地神凱布與天空女神努特，也是雙胞胎。在一些非洲文化中，神祇是一男一女的雙胞胎。

雙子座代表了雙重性（同時看到雙面或者所有面向）。雙子一直在思考並且**意識**周遭的世界——而且視野非常廣，所以雙子大概是最不容易專注的星座，他們有典型的「亮晶晶物體症候群」，常因受新資訊的吸引而分心。雙子座的大腦就像電腦一樣，會不斷接收、分析、判斷。

雙子很活潑，對每件事都感到好奇，會不斷從這件事飛跳到另一件事。他們通常口才了得、聰明機智，且非常擅於社交，能夠看見事物的每一面，這個能力讓他們得以成為黃道十二宮的「換型人」。水星（Mercury）掌管雙子座，所以他們是 **mercurial**（善變的）這個形容詞的典型，他們的心情與心智經常會有突然的、無法預測的轉變。比如某人的太陽雙子在第四宮，那麼他的家庭生活可能非常忙碌活躍，居家環境布置也經常變化；如果太陽雙子在第十宮，那麼此人的事業工作必須是豐富多變的，而且可能與研究／教學有關。

雙子座能量為了表達自己篩選過的內容，甚至不惜扭曲訊息與事實，而且他們並沒有意識到自己這種做法。這種內在精神與外在世界之間的長期互搏情形，對於神經系統來說是很辛苦的，甚至會導致情緒與肉體極度疲勞。然而藉著意識覺醒，雙子可以辨認出自己這種傾向，進而選擇尋找更有深度的真理。

接下來我們要研究各行星、各宮位落在雙子座的表現。準備好你的出生盤，看看你有哪些行星在雙子座，以及這些行星的宮位。接著找出這三者（行星、星座、宮位）對你有意義的關鍵字詞，就可以結合解釋這些能量，解釋的時候，你可以把關鍵字詞代換成自己選擇的同義字。列出這些資料，你就有了一幅意義清晰的全景，能夠進一步了解雙子能量在你身上如何展現。真正的自知與選擇，就從此而來。有了這些知識護身，你就能夠選擇如何使用雙子的能量，如何反應、如何行動，以及在這個世界上如何展現你的雙子特質。

行星在雙子座

這一節簡要敘述各行星位於雙子座的情況。在此我要提醒你，不要把這些敘述當作絕對的定義，而是要把它們當作跳板，想出意義相近的詮釋，嘗試解讀自己的星盤。這一章裡的描述及練習可以強化你的解盤技巧，用以描述雙子能量與行星在你身上展現的情況。

月亮在雙子座

月亮代表情感，落在雙子座，可以想見情感經常是飄忽不定的。但這個落點也會因為反應機智風趣而顯得相當迷人，雖然看似輕盈，可一旦確定了自己對某人的感覺，可能會太過忠實，也就是一切以對方至上。原因在於月亮的能量是接納性的，所以月亮雙子通常的反應是探測對方，他們會說出對方想聽的話，而非自己真實的想法。如果你的月亮在雙子，會是個活潑有趣的伴侶，不過要注意，你的喜怒無常可能會讓一些人感到難以接近。

水星在雙子座

水星代表交流與思路，而雙子座是水星主掌的星座之一，水星在這個落點，交流與思路都會全速前進。水星雙子終生都不斷地在學習，有著孩童般的好奇心，而且說話的語速飛快，總是用排山倒海的資訊淹沒對方，你非常喜歡把自己知道的每件事都教給別人。這個落點是非常好動的，當你感到無聊的時候，可能會想跟別人玩一些心靈遊戲。你需要有創造性的抒發管道，或者研究新事物。

金星在雙子座

金星代表愛、親密關係、樂趣、創造力，以及我們對於人生中物質與享樂的價值觀。在以上這些方面，金星雙子喜歡輕快的、智性的刺激，會用風趣又富有社交技巧的手腕調情。金星雙子面對感情有一種輕快感，可一旦當前的親密關係不能給予他們一直追求的樂趣與刺激，他們很快就會變心。要記住，並非所有重要的親密關係都要靠樂趣與刺激保鮮。

火星在雙子座

火星代表你的意志、動力、精力。落在雙子座裡，這些能量通常會高度活躍，而且高速運轉，並以犀利的言詞投射出來。火星雙子不喜歡例行公事，處在高能量、高壓力的環境裡反而能激發潛能。火星的關鍵字是「挑戰」，如果你有這個落點，那麼

必須是挑戰心智的事物，才能讓你保持興趣。當眼前的事物讓你不再感到有挑戰性，雙子就會轉換為進攻模式，或者乾脆丟下走開。你很可能傾向於同時處理好幾件事——工作、興趣、親密關係。但是要注意，這麼做很可能導致每一件事都無法得到完整的注意力。

木星在雙子座

木星代表擴張、信仰、真理、自由，但是也代表了浮誇。木星雙子的唯一重點就是**更多**。這個落點造就多產的作家，以及具有多重語言才華的教師。如果你是木星雙子座，對於異國的文化與宗教通常會感到好奇，渴望實際前往當地探險——至少在心靈上展開冒險。你也是天生的哲學家，深受所有類型的概念吸引，包含宗教、倫理、玄學乃至更多。你對於探索有著無盡的精力，而且能夠同時處理好幾件事物，這可能會讓與你相處的人感到筋疲力盡，也許你也會忘記自己必須與他人保持同調。你最大的「難題」是想要囊括一切，因為每一件事物你都不想錯過。

土星在雙子座

土星代表技藝精湛、決心、紀律。土星雙子盡了極大努力實現這股能量，並且把精神集中在自己心中不斷湧現的各種想法上頭。土星的陰影是恐懼，這會讓雙子感到受限，尤其在年紀尚輕的時候。他們可能擔心自己尚有不足之處，因此不願表達內心的許多看法。如果你有這個落點，你要明白，土星的力量必須腳踏實地並且集中在扎實的思想上，若你能與這種力量和諧共處，土星就能夠幫助你清晰、專注地表達出自己的觀點，這樣你就能超越內在的恐懼。

天王星在雙子座

天王星代表獨立、不可預測、打破常規。如果你的天王星落在雙子座，你可能是難得一見的驚世奇才——既具有創新的發明才能，想法又與眾不同，提出的點子往往能震驚世人。天王雙子通常思想超前且開闊，很可能在自己喜愛的領域裡成為先行者。他們通常喜愛科學、占星學、網際網路，以及其他能夠拓展眼界的分析性學科。

海王星在雙子座

海王星代表靈感、幻想、心靈上的敏感、療癒、無序。海王雙子的內心充滿願景，時常在幻想與現實中來回穿梭。海王與雙子都是換型(Shape-shifting)能量，跟其他雙子座的落點比起來，海王雙子可能是最無法停歇、最無法專注的。如果你有這個落點，在你眼中這個世界可能是新奇夢幻的，但是要留心那些想要欺騙你的人。

冥王星在雙子座

冥王星代表靈魂，或者靈魂的渴望。冥王星在每個星座會停留大約二十年，因此這個強大的矮行星造成的影響是關乎整個世代的，也就是說，出生在這個世代裡的每個人，冥王所在星座都一樣。因此必須結合世代意義與你個人的冥王宮位，才能看清你個人的宇宙藍圖。

冥王星從1884年到1914年停留在雙子座，下一次回到雙子座是在2132年。冥王雙子的人對於隱密的世界有興趣，心理學、死亡，以及其他禁忌主題能夠吸引他們。德瑞莎修女，電影導演希區考克，芝加哥黑幫老大艾爾‧卡彭都是冥王雙子。

南交點在雙子座

如果你的南交點在雙子座，那麼你容易在心靈上缺乏安全感，而你正在學著從這種本能習慣之中解脫。你對更新資訊有著焦慮感，並且一直想要知道他人到底在想什麼，這些習慣都出於本能反應，以至於妨礙你跟生活產生真正的連結。你的座右銘很可能是「再來一本書，再上一堂課」。這個落點的演化動力是學著信任並運用你已經知道的那些知識與訊息，並且以你的內在智慧發言。

北交點在雙子座

如果你的北交點在雙子，你正在試著培養健康正向的好奇心、讓自己對新事物敞開心胸，並且改變自己對世界的看法。你的演化動力是發展聆聽的能力，明白自己並非永遠正確無疑。

前往雙子座守護星水星的薩滿旅程

在這個練習當中，你將透過薩滿旅程前往一個非日常的世界，也就是上界。這跟冥想有點類似，但是你能主動提問，尋求指引與解答。薩滿旅程是一種神奇的方式，讓你得到生命中的助力支援。從事薩滿旅程的頻率依你自己而定。

首先在YouTube或者其他類似網站上搜尋「薩滿鼓聲」(Shamanic Drumming)，從中選一首，長度十到十五分鐘(我自己尤其喜歡Shamanic Experience還有Sandra Ingeman製作的)。一開始可以嘗試兩三首，找出自己最喜歡的。用耳機或者放大音量的效果最好。先讓自己處於舒適放鬆的狀態，然後按下播放鍵。

你可以躺在舒服的毛毯上，或者兩腳平放在地、採取舒適的坐姿。然後開始播放音樂，閉上雙眼。

想像自己身處某個出發地。我的出發地是一片草原，你的出發地可能是沙灘、山間、森林等等任何地方，無論眼前浮現什麼樣的地點，都不要懷疑。

想像自己身處其中，然後看看四周，有沒有一個靈性嚮導(通常是動物或者其他同伴，可能是神話裡的生物，甚至植物、樹木)。邀請你的靈性嚮導與你一起踏上旅程。接下來，找出通往上界的道路，可能是梯子、階梯、豆莖、或者你乾脆直接飛行。無論是哪種通路，都不要懷疑。

現在想像你前往水星——雙子座的守護星。記住途中發生的每一件事情，與水星對話，提出問題。

在你的星盤上與水星及雙子座有關的領域裡，水星能夠如何幫助你呢？

水星與雙子座能夠如何幫助你自我成長呢？

關於前一個問題，水星可能會建議你一些方法，讓你在這些領域試著不那麼頑固；關於第二個問題，水星可能會教你如何體現星盤上的水星與雙子能量。要記住的是，這段對話的中心思想是，你正在尋求最適合自己的方式、發展自己的能量。

對話結束之後，要向水星道謝，然後循來時路回到出發地。準備好，睜開眼，把這段旅程記錄在筆記本上。

雙子座的宮位

雙子座落入的宮位，如果正好是你正在學習、吸收資訊、正在與外界交流的人生領域，則能為你帶來更深刻的領悟。這是你天生就感到好奇的領域。要注意可能會出現的情況是——你對所知的領域永遠不滿足，不斷地追求更多、更新的知識。

雙子座在第一宮

如果你的雙子在第一宮宮頭或者第一宮裡，你擅長社交、為人親切，很容易就能跟每個人都聊得很熱絡。眾人眼中的你既聰明、適應力又強，什麼話題都能聊，但並非都很有深度。因為你能夠很快感知、迎合現場的氛圍，有時候會顯得膚淺甚至靠不住。不過總體來說，你是一個令人感到相處愉快的人。

雙子座在第二宮

如果你的雙子在第二宮宮頭或者第二宮裡，就善於利用跟「交流」有關的事物賺錢，比如寫作、新聞工作、教學。你看待自己財務的方式可能比較理智，擅長做預算與財務計畫。要記住的是，在現實世界裡，金錢不僅僅是「價錢」，同時也是「價值」的表徵。金錢用來供給日常生活。對你很有用的一個練習——運用金錢豐富你的實際生活，注意金錢能帶給你的美好，而不要埋首於規劃預算。

雙子座在第三宮

雙子掌管第三宮，如果你的雙子在第三宮宮頭或者第三宮內，你是一個溝通大師，學習速度飛快，心智極為敏捷，需要不斷接觸新領域的知識。你能同時處理大量的細節，敞開心胸接受新的觀點。你的注意力集中在細節、活動、刺激，所以有時候你很難稍微拉開距離，讓自己看清全貌。

雙子座在第四宮

如果你的雙子在第四宮宮頭或者第四宮內，你的家庭生活會非常忙碌，各種人事物來來去去，但是缺少真正的羈絆與連結。你的精神生活也有類似的情況，也就是說——你的心智活躍，總是試圖以理性來分析感性。你必須「放下腦袋」，不要總是以理智分析事物，而是純粹去感受。

雙子座在第五宮

雙子在第五宮宮頭或者第五宮內，喜歡運用心智創作，比如寫作，也歡迎各種變化。你也喜歡激發自己的孩子或者周遭孩童的心智潛能。你期待愛情與生活是輕快有趣的。第五宮由獅子座掌管，所以屬於火象，而雙子是風象，風會煽起火焰，為所處情境帶來更多歡樂的氣氛。但是要注意，如果你在各種活動與場合之間頻繁穿梭，可能會使你顯得像是輕率浮躁的交際花。

雙子座在第六宮

如果你的雙子在第六宮宮頭或者第六宮內，你喜歡變化多端且步調迅疾的工作環境，並且需要運用心智與溝通才能。你可能不只有一份工作。第六宮與雙子座都由水星掌管，雖然是得勢的位置，卻容易在工作上陷入用腦過度的情況，如果你不學著讓自己沉靜下來，這種能量會影響你的健康。做點呼吸練習會很有用。

雙子座在第七宮

雙子在第七宮宮頭或者第七宮內，表示你會被智力較高的伴侶所吸引。你的伴侶必須擁有多重興趣，能夠激發你的心智。你也喜歡和比你年輕的人相處，甚至選擇的人生伴侶年紀會比你小——或者外表看起來很年輕。當一段親密關係無法提供你需要的智性刺激，你可能會因為受不了而尋求新的伴侶。

雙子座在第八宮

如果你的雙子在第八宮宮頭或者第八宮內，你對於合夥抱持的態度相當理智，而且會想許多投資或獲利的點子。第八宮也是深層心靈與超自然的宮位，你在這些領域會採取智性的研究態度，不過要記住的是，理性思考與推理無法完全解釋這些領域，若想走得更深，就必須以靈性的方式來探索。有些練習能夠幫助你走入深度的情感世界，比如薩滿旅程，可以讓你第八宮的能量運作得更為順暢。

雙子座在第九宮

擁有這個宮位的人，兼具了學生與導師的特質：渴求知識，同時又需要將知識傳遞給他人。第九宮也是信仰之宮，你可能會把你所知的信仰體系都加以分析，而且對於信仰的看法可能會經常變化。你也喜歡透過旅行來學習。

雙子座在第十宮

雙子在第十宮宮頭或者第十宮內，那麼在事業與外在形象上，你需要多種不同的變化，而且你在社會上的地位取決於你的智力。第十宮不只是你的事業，更是你的誕生使命與能做出的貢獻，雙子座在這個位置代表著你會傳授你所得到的大量知識。你可能會運用許多方式做到這一點（比如教學、寫作、與年輕人合作）。但是要注意，你也許會因為身兼多職，讓他人認為並不可靠。

雙子座在第十一宮

如果你的雙子在第十一宮宮頭或者第十一宮內，你的相識滿天下，但是知心朋友卻很少。你可能會同時接觸好幾個不同團體，當你對其中一個感到無聊、或者他們跟不上你的時候，你就跳到下一個。你喜歡與他人一起腦力激盪，但是要注意你變幻莫測的思緒，不要把團體中別人的想法當成自己的，也不要為了融入團體而改變自己的想法。

雙子座在第十二宮

雙子座代表思考與交流，而第十二宮是集體無意識、與靈感及神祕事物的連結，如果你的雙子在第十二宮宮頭或者第十二宮內，你有讓人想傾吐祕密的特質，而且能夠得到關於無意識的信息，並且傳授給他人。掌管第十二宮的是水象星座雙魚座，因此第十二宮帶有雙魚座的神祕感，能夠為活躍的雙子心智增添同情心。

雙子座個案研究

瓊恩的出生星盤有如下落點：

- 太陽雙子在第七宮
- 月亮巨蟹在第八宮
- 上升點天蠍座

在這個案例裡，我們要看的是太陽、月亮、上升點。在213頁附錄A的案例則會整合星盤上的其他元素。

瓊恩的情感深刻強烈，而她的核心自我，也就是太陽雙子，喜歡理性分析每一件事。她很難理解為什麼自己無法更感性一些。在研究了自己的出生星盤之後，她確認了自己喜愛的是說書人（太陽在七宮），嚮往在關係中成為深層的療癒者（月亮巨蟹在八宮），對外的公開面具則是魔法師。由於月亮巨蟹在第八宮、而且上升天蠍，使第七宮的太陽雙子在交流之餘，多了深層的情感直覺。月亮巨蟹所在的第八宮是由天蠍座掌管，加上上升也是天蠍座，使得她有祕不示人的一面。瓊恩的星盤讓她了解到，她必須讓自己從不斷訴說故事的需求當中抽離，留點時間學著冥想沉思，保留時間獨處，如此一來，她活躍的理性才不會忽略或者凌駕她的深層情感。

雙子座增進直覺的策略

雙子座經常感到很難探索自己的直覺與直接感受，因為他們非常「理性」。以下策略可以讓你活躍的心智沉靜下來，與你的直覺產生連結。

1. 練習冥想，冷卻一下你太過活躍的心智。散步時冥想或做薩滿旅程練習，都會比靜坐冥想有效，因為這些練習並非試圖放空你的心智，而是讓你的心智中與直覺有連結的那些部分活化起來。每天練習會最有效果，不然至少一星期練習三次。

2. 每天早上一醒來，拿起紙筆，不間斷地寫下意識流的內容，寫滿三頁，讓你的思緒在紙上直接流露，不加任何遣詞造句。你甚至不用寫出完整的句子與標點。這個練習叫做「晨間書寫」，《藝術家的道路》(The Artist's Way) 作者茱利亞・卡麥隆說(是她推廣了這個練習)，這個練習能夠「對你即將開始的一天加以激發、釐清、撫慰、引導、排序、調和」。有助於探索深層心靈。

3. 如果你發現自己思緒跳躍，並會下意識附和每一方意見的時候，請先暫停下來，自問：「對我而言，什麼才是真的？」問問自己的直接感受，感覺一下自己內心的真理，然後以此為基礎，提出你的看法與決定。

71

雙子座的靈魂

任何一個太陽星座的人格與行為，都受到出生星盤上其他落點與相位的影響。想要全盤描繪出個人藍圖上的可能與潛力，就必須融合所有行星、宮位、相位以及行運。

如果你的太陽星座是雙子座，那麼你跟其他太陽雙子的人會有共通之處，但是你依然是獨一無二的你。比如說，太陽雙子與上升射手，比起太陽雙子與上升摩羯，前者比較外向、有趣、有彈性，後者比較嚴肅，而且在專業領域裡可能是領導者。又比如太陽雙子與月亮寶瓶，比起太陽雙子與月亮雙魚，前者更有創造力，但是情感上非常疏離，後者則更能感知潛意識裡的訊息，而且容易共情。

以下幾件事必須加以考慮，這樣可以幫助你在人生的不同領域發揮雙子能量。首先要記住的是，這是你靈魂的自主選擇，好讓你在這些領域裡成為思考者與教導者。你可以選擇徹底發揮雙子座的正面特質。

一般性的個人發展

雙子座可能不夠專注，有時候沒有意識到他人的感受，也沒有意識到自己的感受，這往往是他們最大的難題。有時候理性是件好事，因為雙子座此生的目標就是盡可能學習更多的事物。滿足自己學習的欲望，同時專注在那些對你而言真實不偽的事物上，練習平衡這兩者，對你會大有幫助。

親密關係／人際關係

雙子座的對宮是射手座，教師的星座。所以如果雙子能夠在教導他人的同時學習新的資訊，這樣對你會有益處。這並不是要你完全變成射手，而是當你與人交往的時候，你應該融合一些射手的特質，以建立更完滿的關係。

72

達成目標

雙子座很容易厭倦，一旦厭倦，就會把興趣轉移到其他事物上頭，這樣會有點難以達成目標。雙子座的多變使得專注對他們而言變得更費力。想改進這一點，就看看出生星盤上的土星位置，在你見異思遷之前，先向土星借力。

事業

想要完整分析哪一種事業適合你，必須考慮第十宮宮頭(天頂)，第十宮星座的守護星，以及第十宮裡的行星。比如說，如果太陽雙子搭配第十宮宮頭處女、水星(掌管雙子與處女)在第八宮巨蟹，則此人可能喜愛研究諮商療癒、形上學等知識，甚至可能成為相關領域的教師。

第六章

巨蟹座：螃蟹

布蘭思索了一陣。
「人可能在感到害怕的時候，同時又很勇敢嗎？」
「這才是男人顯露真實的勇氣之時。」

— 喬治・R・R・馬丁，《權力的遊戲》

日期：六月二十二日～七月二十二日，頭尾日期視當年星曆而定。

元素	分類	守護星	掌管宮位
水	開創星座	月亮	第四宮

巨蟹座是水象開創星座，由月亮掌管。它是黃道第四宮，在這個位置，我們開始意識到自己的內心與情感。

巨蟹的代表圖像是螃蟹，這符號經常被解釋為兩條交抱的魚，但請注意，事實上這個符號是螃蟹的雙螯合攏並夾住東西——這個象徵能給你一點提示——螃蟹橫向行走，身負保護性的外殼，受到威脅的時候會把自己縮起來，確保柔軟內在的安全。牠的雙螯緊緊夾住自己擁有的一切，絕不輕易放手。

看到這裡，我們已經大概了解了巨蟹座具有保護、照料他人的天性，以及內在豐沛而柔軟的能量。他被月亮守護，我們觀察月亮本身，便能更深入地了解巨蟹的特質——月亮控制了地球上的水文律動，以及女性的生理週期。因此它也與母性能量有所關聯。

月亮接受並反射光源，但本身並不發光。它也沒有大氣層護衛，因此任何外來衝擊所造成的印記，都會永遠留存——所以巨蟹有著極強的記憶力，而且會像海綿一樣吸收外來的能量。這表示巨蟹的同理心極強，敏感而情感強烈。在所有行星能量中，只有月亮有陰晴圓缺，而且它的運行週期是最短的，這些使巨蟹染上多愁善感的特質。

巨蟹是水象星座，在薩滿信仰中，水代表情感，而月亮也代表了我們的情感，因此巨蟹是黃道裡最感性的星座。對巨蟹而言，每件事的重點都在於「感覺」。他們也是天生的療癒者。比如，太陽巨蟹在第十宮，此人今生的使命可能是療癒與照拂他人；如果太陽巨蟹在第一宮，在他人眼中，此人有喜愛照顧他人天性。

在無意識的情況下，巨蟹會十分多愁善感而且渴求關係，他們會仰賴他人來滿足自己的感情需求。若巨蟹對此有所自覺，就能轉而選擇靠自己滿足自己的情感需要。

接下來我們要研究各行星、各宮位落在巨蟹座的表現。準備好你的出生盤，看看你有哪些行星在巨蟹座，以及這些行星的宮位。接著找出這三者(行星、星座、宮位)對你有意義的關鍵字詞，就可以結合解釋這些能量，解釋的時候，你可以把關鍵字詞代換成自己選擇的同義字。列出這些資料，你就有了一幅意義清晰的全景，能夠進一步深入了解巨蟹能量在你身上如何展現。真正的自知與選擇就從此而來。有了這些知識護身，你就能夠選擇如何使用巨蟹的能量，如何反應、如何行動，以及在這個世界上如何展現你的巨蟹特質。

行星在巨蟹座

這一節簡要敘述各行星位於巨蟹座的情況。在此我要提醒你，不要把這些敘述當作絕對的定義，而是要把它們當作跳板，想出意義相近的詮釋，嘗試解讀自己的星盤。這一章裡的描述及練習可以強化你的解盤技巧，用以描述巨蟹能量與行星在你身上展現的情況。

月亮在巨蟹座

月亮代表你的情感，若它落在巨蟹座，感性的特質將會被強化。月亮巨蟹的人非常敏銳善感，並具有照顧他人的天性。他們**從不**遺忘，而且他們強大的記憶力能夠把情感、創造力與故事交織在一起，並藉此引導他人回溯記憶。如果你的月亮在巨蟹，你的伴侶會享受到極為浪漫的愛意柔情，不過你也容易因他人的反應不如預期而受傷，或因為對感情的需索而變得苛刻或太過依賴。

水星在巨蟹座

水星代表交流與思路，落在巨蟹座，則思緒與交流都會帶上敏感、含蓄、保守的特質。水星巨蟹需要根據自己的感覺來處理信息，而從接收訊息到產生感覺需要時間，這讓他們顯得反應較慢，發言也較為謹慎，在他人眼中看來似乎非常羞怯或者思慮重重(事實上他們也的確如此)。如果你有這個落點，你天生的習慣是先感受，然後才開口說話。

金星在巨蟹座

金星代表愛、親密關係、樂趣、創造力，以及我們對於人生中物質與享樂的價值觀。這個落點代表你有創造天賦，且喜愛和諧美麗的環境。如果你的金星落在巨蟹座，可能會因為天性敏感而受到很深的感情傷害，導致你面對親密關係總是非常謹慎。巨蟹一旦受傷就會退縮，不過如果與適合的對象在一起，他就會被你的款款深情與無微不至的照顧所打動。

火星在巨蟹座

火星代表你的意志，動力，精力。落在巨蟹座，顯示你的意志常被情感所掌控，而且做事的時候是由情感領路。你很可能會躊躇不前，逡巡迂迴，總是想先試水溫，直到有九成把握才全力出擊。但當你對一件事物感興趣的時候，必定是全心投入；不過當感覺到衝突，便會快速地退回自己的硬殼裡。

木星在巨蟹座

木星代表擴張、信仰、真理、自由，但是也代表了浮誇。木星落在巨蟹座，會放大情感豐富這項特質，此人往往會更重視信仰，也更多愁善感。他們總對他人的遭遇感同身受，有無限的同情心，而且對於付出情感相當慷慨，這些美好的特質都出自本能反應，但是也會讓此人更需要心靈上的安全感以及安適的居家環境。這個落點也讓人相對保守，請時時提醒自己對新事物保持開放的胸襟。

土星在巨蟹座

土星代表技藝精湛、決心、紀律。土星巨蟹座在表達感情上會十分謹慎，因為害怕自己看起來不夠堅強，所以寧願隱藏自己的感情。對他們而言，家庭非常重要，而土星在巨蟹座，意味著他們對別人而言既是慈母，也是嚴父。他們覺得自己有義務為別人的情感負責，但這點也讓土星巨蟹難以接納對方的愛。如果你的土星在巨蟹，可能會常常覺得自己為他人做得不夠，或者擔心自身有所不足，你必須超越這種恐懼，敞開自己的心胸來接納對方。

天王星在巨蟹座

天王星代表獨立，不可預測，打破常規。如果你的天王星在巨蟹，你對出其不意、不規律的能量相當敏感，情緒上可能會有很多起伏。你的直覺很強，擅於創新發明，而且很能「打破家族傳統」。

海王星在巨蟹座

海王星代表靈感、幻想、心靈上的敏感、療癒、無序。海王星落在巨蟹的人有著敏銳的直覺，喜歡雅致的住家環境。如果你有這個落點，要注意你可能會幻想自己有完美的住家和家人，如果現實不符合你的理想，你可能會感到極深的失落與失望。

冥王星在巨蟹座

冥王星代表靈魂，或者靈魂的渴望。冥王星在每個星座會停留大約二十年，因此這個強大的矮行星造成的影響是關乎整個世代的，也就是說，出生在這個世代裡的每個人，冥王所在星座都一樣。因此必須結合世代意義與你個人的冥王宮位，才能看清你個人的宇宙藍圖。

冥王星從1914年到1939年停留在巨蟹座，下一次回到巨蟹座會在2132年。冥王星在巨蟹座的人情感非常強烈，常令他人難以招架，但也代表深刻的治癒能力，因為冥王巨蟹勇於面對複雜的情感問題。瑪麗蓮・夢露、民權領袖馬丁・路德・金恩博士、美國第35任總統約翰・甘迺迪、歌星艾維斯・普里斯萊，都是冥王星在巨蟹座。

南交點在巨蟹座

如果你的南交點在巨蟹座，那麼你的靈魂在情感上缺乏安全感、容易依賴他者，而你正學著從這種習性之中解脫。你總是希望別人能照顧你的情感需求，不斷從他人身上尋求安全感。如果你任由你的恐懼引導你，可能會變成控制狂。

北交點在巨蟹座

如果你的北交點在巨蟹座，你正在學著了解自己的情感，以及運用天生的同理心表達內在的溫暖。你也在學著讓他人為自己的生活負責，而不再試圖控制他人。

巨蟹座的宮位

巨蟹座會為落入的宮位帶來情感、直覺與深刻的洞見。你生來就有創作與照顧他人的渴望。但要注意是否會在情感上需索無度，或是喜怒無常。

前往巨蟹座守護星月亮的薩滿旅程

在這個練習當中，你將透過薩滿旅程前往一個非日常的世界，也就是上界。這跟冥想有點類似，但是你能主動提問，尋求指引與解答。薩滿旅程是一種神奇的方式，讓你得到生命中的助力支援。從事薩滿旅程的頻率依你自己而定。

首先在YouTube或者其他類似網站上搜尋「薩滿鼓聲」（Shamanic Drumming），從中選一首，長度十到十五分鐘（我自己尤其喜歡Shamanic Experience 還有Sandra Ingeman製作的）。一開始可以嘗試兩三首，找出自己最喜歡的。用耳機或者放大音量的效果最好。先讓自己處於舒適放鬆的狀態，然後按下播放鍵。

你可以躺在舒服的毛毯上，或者兩腳平放在地、採取舒適的坐姿。然後開始播放音樂，閉上雙眼。

想像自己身處某個出發地。我的出發地是一片草原，你的出發地可能是沙灘、山間、森林等等任何地方，無論眼前浮現什麼樣的地點，都不要懷疑。

想像自己身處其中，然後看看四周，有沒有一個靈性嚮導（通常是動物或者其他同伴，可能是神話裡的生物，甚至植物、樹木）。邀請你的靈性嚮導與你一起踏上旅程。接下來，找出通往上界的道路，可能是梯子、階梯、豆莖、或者你乾脆直接飛行。無論是哪種通路，都不要懷疑。

現在想像你前往月亮──巨蟹座的守護星。記住途中發生的每一件事情，與月亮對話，提出問題。

在你的星盤上與月亮及巨蟹座有關的領域裡，月亮能夠如何幫助你呢？

月亮與巨蟹座能夠如何幫助你自我成長呢？

關於第一個問題，月亮可能會告訴你如何表達情感，且不過度依賴他人的意見；關於第二個問題，月亮會告訴你如何適當發揮巨蟹的同理心，以及照顧他人的能力。要記住的是，這段對話的中心思想是，你正在尋求最適合自己的方式、發展自己的能量。

對話結束之後，要向月亮道謝，然後循來時路回到出發地。準備好，睜開眼，把這段旅程記錄在筆記本上。

巨蟹座在第一宮

如果你的巨蟹在第一宮宮頭或者第一宮裡，無論你是什麼性別，你在他人眼中都深具母性，樂於照料旁人和所屬的社群。第一宮是他人與你面對面接觸時的感受，你在與他人相處時，很容易感受別人的情緒，這會讓你顯得羞怯而被動，因為你必須深入了解對方，確定安全無虞以後，才願意讓他們進入你的「內在之家」。

巨蟹座在第二宮

如果你的巨蟹在第二宮宮頭或者第二宮裡，你感情上的安全感也來自於物質。只要財務狀況受到威脅，你就會格外焦躁。這也表示你會明智地控管金流。你也可能會從事照料或治療領域相關的工作，並從中獲利。

巨蟹座在第三宮

如果你的巨蟹在第三宮宮頭或者第三宮裡，你對於學習的內容有何感受，這一點會影響你的學習成效。你的記憶力數一數二，學到的資訊儲存在你的感官之中。所以你會記得自己學習時的感覺，而且這一點能幫助你加強記憶。但是要注意這也可能讓你過於主觀。

81

巨蟹座在第四宮

巨蟹掌管第四宮，所以巨蟹在這個位置算是回到了家。如果你的巨蟹在第四宮宮頭或者第四宮裡，你會將重心放在家人和住家上，你喜歡與人團聚——尤其是和家人團聚的感覺。你也認同家族傳統，甚至需要「根著於傳統」才會有安全感。這個落點對他人格外有同理心，所以注意你需要保留一點獨處的時間來淨化自己，以免承受太多他人的情緒。

巨蟹座在第五宮

如果你的巨蟹在第五宮宮頭或者第五宮裡，你總能把豐沛的情感傾注在創作之中。養育自己的孩子也讓你充滿喜悅。第五宮由獅子守護，面對愛情的態度是輕快的，但是巨蟹不喜歡風流韻事。你的情感深流，會悉心澆灌兩人的世界，速食戀情並不適合你。你不大喜歡運動，以及其他需要勞動身體的嗜好，比較喜歡做菜或打掃這類能在居家從事的活動。

巨蟹座在第六宮

如果你的巨蟹在第六宮宮頭或者第六宮裡，你喜歡運用專業去幫助他人。你會在自己的工作上投注情感，關心同事，也會被工作上的起落深深影響。如果你在工作上有任何不穩定，身體就會受到波及，尤其會反映在胃部不適上。最適合你的工作環境是與家庭有關的，或涉及育兒、照料他人等。

巨蟹座在第七宮

巨蟹在第七宮宮頭或者第七宮裡，表示能吸引你的伴侶是細心且殷勤的。你必須在情感與財務上都很安穩妥當了，才會有安全感。你需要照料他人，也需要被照料，所以你與伴侶的感情緊密交織。你極為忠貞，也要求伴侶同樣忠貞。

巨蟹座在第八宮

如果你的巨蟹在第八宮宮頭或者第八宮裡，你的情感表達相當隱晦，有時候會使人費解。可能有極度依賴他人的危險，容易被情感勒索。但這個宮位也代表在心理上極具深度，使得你在心理上有換位思考的能力，所以能夠治療自己與他人。

巨蟹座在第九宮

如果你的巨蟹在第九宮宮頭或者第九宮裡，觀念會較為保守，可能會一直保有自己原生家庭教導的觀念與信仰。你也相當依賴信仰，如果信奉的教條受到質疑，內心會很受傷。喜歡與家人一同旅行。

巨蟹座在第十宮

巨蟹在第十宮宮頭或者第十宮裡，表示你需要擁有穩定的事業，人生使命是治療與照料他人。有這個落點的人在事業上幾乎會從一而終，因為他將感情與自己的職業連結在一起，並從中取得成就感。在你的事業領域裡，財務愈穩定，你就愈有成就和安全感。

巨蟹座在第十一宮

如果你的巨蟹在第十一宮宮頭或者第十一宮裡，你可能會有一群至交好友，友誼持續很久，他們就像你的家人，你也喜歡在家裡接待他們。你渴望與好友相互扶持，形似家人般緊密連結，也願意參與人道主義活動。

巨蟹座在第十二宮

巨蟹關乎安全感與情感，而第十二宮是集體無意識、與靈感及神祕事物的連結，如果你的巨蟹落在第十二宮宮頭或者第十二宮內，你與群眾之間可能擁有強大的情感連結，並且想要療癒這個世界。巨蟹座與第十二宮都是接收性的，所以要注意，關於你個人的感受，以及群眾集體的感受，這兩者之間的邊界可能會很模糊，也就是你無法區分哪種感受是出於自己，哪種出於群眾；當你付出過多又沒有得到期待的回報時，就會退隱到自己的硬殼裡。

巨蟹座個案研究

查爾斯的出生星盤有以下落點：

- 太陽巨蟹在第八宮
- 月亮寶瓶在第三宮
- 上升點天蠍

在這個案例裡，我們要看的是太陽、月亮、上升點。在213頁附錄A的案例則會整合星盤上的其他元素。

查爾斯覺得自己很難與他人建立親密的情感關係，伴侶也經常說他在情感上疏離隱密。研究了自己的出生星盤之後，他確認自己是一個深層的療癒者（太陽在第八宮）他的言談十分創新（月亮寶瓶在第三宮），面具是魔法師，而且非常注重感情隱私。查爾斯的月亮寶瓶在第三宮，加上上升天蠍，所以水象非常顯著，疏離的第三宮月亮寶瓶緩和了感性的第八宮太陽，但是上升天蠍顯示了他的情感強烈，而且精神生活祕不示人。

巨蟹座的靈魂

任何一個太陽星座的人格與行為，都受到出生星盤上其他落點與相位的影響。想要全盤描繪出個人藍圖上的可能與潛力，就必須融合所有行星、宮位、相位以及行運。

如果你的太陽星座是巨蟹座，那麼你跟其他太陽巨蟹的人會有共通之處，但是你依然是獨一無二的你。比如說，太陽巨蟹與上升雙魚，比起太陽巨蟹與上升寶瓶，前者的直覺與創造力更為精細，後者在情感上傾向疏離，會隱藏自己的真實感受。又比如太陽巨蟹與月亮金牛，比起太陽巨蟹與月亮牡羊，前者愛好家庭生活，需要有自己的空間和嗜好，後者則更富冒險精神。

以下幾件事必須加以考慮，這樣可以幫助你在人生的不同領域發揮巨蟹能量。首先要記住的是，這是你靈魂的自主選擇，好讓你在這些領域更加深思熟慮、可靠、穩當。你可以選擇徹底發揮巨蟹座正面特質。

84

巨蟹座減低情感依賴的策略

巨蟹座能無微不至地照顧自己所愛之人,而且充滿保護欲,但事實上這種情感依賴的陰影是由恐懼引起的。以下這些練習能夠幫助你清楚認識這種傾向。

1. 有一個很簡單的「我是」練習,可以幫助你減少情感上的依賴、肯定自我價值。首先用馬表設定一分鐘。在這一分鐘裡,你盡量寫下「我是……」的敘述句,愈多愈好。時間結束後,檢查自己寫出來的句子,把所有「角色」代名詞都劃掉,比如「我是媽媽」,只留下描述式的句子,比如「我很善良」。一開始你可能會覺得很困難,所以我建議定期一再練習,強化你的自我肯定感與自覺。(如果你寫了一些負面描述的句子,比如「我很懶」,可以嘗試換一種說法,改成正面描述,比如「我很放鬆」。如果你覺得這麼做很困難,就試著探索這些負面想法的根源,你要明白的是,這些自我批判都不是真的。)

2. 給自己真正獨處的時間,了解你自己。比如每星期跟自己約個會,去喝杯茶或咖啡、到公園散步,參觀美術館。記下在散步途中有哪些事物引起你的興趣、飲料的滋味如何、哪件畫作或藝術品引起你的注意等;藉由這種方式,你能更了解自己。把注意力放在自己身上,好好享受這個過程!

3. 選一種喜歡的運動,每天做三十分鐘。運動能夠釋放腦內啡——一種讓人「感覺愉快」的化學物質,所以你內心會覺得更快樂,繼而更加肯定自我。每天做運動,同時也要養成健康的飲食習慣,讓兩者相輔相成。

一般性的個人發展

沒有安全感的時候，巨蟹有退縮的傾向，這也是巨蟹最大的難題。但是諷刺的是，如果他們不再退縮、勇敢與他人分享自己的感受，其實有助於建立連結、帶來安全感。發展與所愛之人分享自己內心想法的能力，就能得到互動，擁有真正的親密關係。

親密關係／人際關係

觀察一下巨蟹座的對宮摩羯座，它代表權威、對生活的堅忍態度，所以，如果巨蟹座能夠冷靜且務實地看待親密關係，將會有所幫助。這並不是要你完全變成摩羯，而是當你與人交往的時候，你應該融合一些摩羯的特質，這樣有助於讓關係更完滿。

達成目標

當巨蟹座為目標付諸努力的同時，也往往會限制自己，因為他們會開始害怕失去已經擁有的成果，於是緊抓著過去不放。但是應該要明白，你真正的目標是建立內在的自我肯定感，明白外在的物質永遠不是安全的根源。了解這一點，能幫助你達成目標，並且鼓舞你朝著新目標前進。

事業

想要完整分析哪一種事業適合你，必須考慮第十宮宮頭(天頂)，第十宮星座的守護星，以及第十宮裡的行星。比如說，如果太陽巨蟹搭配第十宮宮頭獅子座、太陽(掌管獅子座)在第一宮，則此人可能喜愛活潑有趣的治療模式，或者會從事與孩童有關的治療工作。

月亮與巨蟹座的筆記練習

準備好你的筆記本，選一個安靜的時間與地點，來看看你的出生星盤。先看月亮與巨蟹座。看月亮落入的星座，還有月亮與巨蟹座的宮位。參考79頁的巨蟹座宮位，也能大概知道月亮在各宮位的情況。

把本書裡以及你從薩滿月亮旅程得到的關鍵字詞寫在筆記本裡。思考自己在人生中以什麼方式展現這些能量、自己如何有意識地選擇發展這些能量，而非只是對外界做出反應。比如，如果你的月亮或者巨蟹座在第三宮，你可能會發現自己太執著一些過時的觀念，諸如男女交往永遠應該是男人跨出第一步。透過思考與覺悟，你可以選擇學習新資訊，開放心胸面對改變。把你的想法寫在筆記本裡。

透過筆記練習以及薩滿月亮旅程，你就可以真正了解自己星盤上的能量，選擇在人生中如何有效的發揮與體現。

第七章

獅子座：雄獅

愛是生命。如果你錯過了愛，你就錯過了生命。

—— 李奧·巴斯卡力

日期：七月二十三日～八月二十二日，頭尾日期視當年星曆而定。

元素	分類	守護星	掌管宮位
火	固定星座	太陽	第五宮

獅子座是火象固定星座，由太陽守護，掌管黃道第五宮。我們在這個宮位開始意識到自己的創造力，以及那些帶給我們喜悅、歡樂的事物。

獅子座的圖像是雄獅。請注意獅子座的符號象徵獅鬃。獅子是最莊嚴的動物，在占星學上通常視為男性的代表，但是在薩滿信仰中，獅子也被視為有決斷力的女性。獅子座的守護星太陽，在某些文化裡同時象徵男女兩種性別，在某些文化裡，則被視為單一性別。

獅子是群居動物。獅群這個單字(pride，也意為自尊、自傲)非常能夠代表獅子座。雌獅主要負責獵食與撫養幼崽，獅群中唯一的雄獅看似什麼也不做，但當危機來臨時，雄獅肩負抵禦外來的獵食者、保護獅群的重任。獅子家族感情深厚、性喜嬉鬧，小獅子的生活無憂無慮。獅群的特性讓我們對於獅子能量有了初步了

解：熱情而具戲劇性、愛好玩樂，同時具有階級的莊嚴。獅子座由太陽掌管，所以我們觀察太陽，就能進一步了解獅子能量。太陽是太陽系的中心，這裡的一切都繞著它轉。它賜予萬物生命，光芒亦最為耀眼。

獅子座是火象星座，反射出太陽的能量。獅子座光芒耀眼，充滿活力與吸引力，能自如地成為鎂光燈焦點。他們慷慨迷人、喜歡玩鬧，在最好的情況下，他們關愛他人、友善親切，能以充滿自信的創造力激勵他人。例如，某人的太陽獅子在第二宮，則此人可能從事公眾矚目的工作，並因此獲利——比如在劇場工作。若太陽獅子在第十一宮，則此人通常是群體裡的領導者。

在無意識的狀況下，獅子可能會過於自我中心，而且華而不實，以趾高氣揚的態度對待他人。了解到自己有這種傾向之後，獅子座就能選擇改變。

現在你已經大致了解了獅子能量，接下來我們要研究各行星、各宮位落在獅子座的表現。準備好你的出生盤，看看你有哪些行星在獅子座，以及這些行星的宮位。接著找出這三者(行星、星座、宮位)對你有意義的關鍵字詞，就可以結合解釋這些能量，解釋的時候，你可以把關鍵字詞代換成自己選擇的同義字。列出這些資料，你就有了一幅意義清晰的全景，能夠進一步深入了解獅子能量在你身上如何展現。真正的自知與選擇，就從此而來。有了這些知識護身，你就能夠選擇如何使用獅子的能量，如何反應、如何行動，以及在這個世界上如何展現你的獅子特質。

行星在獅子座

這一節簡要敘述各行星位於獅子座的情況。在此我要提醒你，不要把這些敘述當作絕對的定義，而是要把它們當作跳板，想出意義相近的詮釋，嘗試解讀自己的星盤。這一章裡的描述及練習可以強化你的解盤技巧，用以描述獅子能量與行星在你身上展現的情況。

月亮在獅子座

月亮代表你的情感，月亮落在獅子座，你的情感豐沛熱情、時而富有創意性、時而輕巧。你需要他人充滿愛意的關注，也會以此回報對方。你的內心深處相當敏感，需要他人認可。如果沒有得到需要的矚目，內在的火焰就會熄滅，你會感到受傷。在情感上，月亮獅子需要運用有創意的方式表達自我，如果你注意讓自己不自我中心、嘗試了解他人在情感上的需要，就能得到自己渴望的愛。

水星在獅子座

水星代表交流與思路，水星獅子善於以戲劇性的聲調、手勢引人注意，並以言談擄獲人心。他們的表達富有感染力，但容易忽略細節。獅子座擁有迷人的舞台魅力，能夠以幽默感娛樂、甚至感動所有觀眾。如果你有這個落點，當眾人的注意焦點集中在你身上的時候，你會顯露出溫暖而大器的台風。

金星在獅子座

金星代表愛、親密關係、樂趣、創造力，以及我們對於人生中物質與享樂的價值觀。金星獅子是熱情的，需要自己的親密對象給予大量關注。他們大多都生得耀眼迷人，偏愛華麗服飾，品味非同凡響，送禮更是出手大方。如果你的金星在獅子座，就會感受到步入一個場合時，總能讓所有人都轉頭對你行注目禮，而且你樂在其中。

火星在獅子座

火星代表你的意志、動力、精力。火星在獅子座擁有堅強的意志和領導能力，且續航力十足，能夠不斷地加速前進，並且比其他火星落點更有耐力。他們極富感召力與自信心，也極為專斷。如果你有這個落點，要注意是否會讓人感覺你頤指氣使，而且很難跟得上你的節奏。

木星在獅子座

木星代表擴張、信仰、真理、自由，但是也代表了浮誇。木星獅子生性慷慨且充滿魅力。他們心胸寬大，有用之不竭的精力與魄力，但也可能非常虛榮且張揚。如果你有這個落點，保守派人士可能會覺得你太過浮誇奢侈。但從另一面而言，獅子座歡樂的天性與木星的慷慨樂觀相輔相成，形成動力十足而且向外發散的能量，能夠激勵周圍所有人。

土星在獅子座

土星代表技藝精湛、決心、紀律。土星獅子意志堅定、有決心和企圖心，但是土星保守的特質也會限制獅子的勃勃生機與創意。這個落點不免會在年輕時屢遭挫折，但是會隨著經驗的增長而漸入佳境，你的嚴肅面具將隨著時間而鬆動，逐漸表露出獅子座戲劇化的特質。土星有商業傾向，演藝、傳播事業可能會吸引你。

天王星在獅子座

天王星代表獨立、不可預測、打破常規。天王星落在獅子座，有意志堅定、叛逆、充滿動力、熱愛冒險等特質。天王獅子是天生的發明家，不怕探索前人未曾涉足的領域。要注意的是，天王獅子的野心強烈，在往上爬的過程中，不免會刺傷他人。

海王星在獅子座

海王星代表靈感、幻想、心靈上的敏感、療癒、無序。海王獅子對生命有無限的熱誠，他們描繪的「烏托邦」非常有感染力，引人著迷，有時會塑造「催眠大師」的形象。如果你有這個落點，可能會從事影視相關的產業，或者使用視覺媒體表達內在的理想國。

冥王星在獅子座

冥王星代表靈魂，或者靈魂的渴望。冥王星在每個星座會停留大約二十年，因此這個強大的矮行星造成的影響是關乎整個世代的，也就是說，出生在這個世代裡的每個人，冥王所在星座都一樣。因此必須結合世代意義與你個人的冥王宮位，才能看清你獨有的宇宙藍圖。

冥王星從1939年到1957年停留在獅子座，下一次回到獅子座是在2185年。冥王星在獅子座渴望自我實踐與表達，生來就覺得自己有一份特殊的使命必須完成，他們包括史帝夫‧賈伯斯、希拉蕊‧柯林頓、比爾‧蓋茲。

南交點在獅子座

如果你的南交點在獅子座，那麼你的靈魂慣於向他人尋求肯定，而你正在學著擺脫這種本能習慣。你為了博得他人的注意力，可能會無所不用其極，甚至會上演狗血劇碼，或為了尋求注目鋌身涉險。

北交點在獅子座

如果你的北交點在獅子座，你此生的功課是培養出獨立與自信。你可能會覺得自己若不迎合大眾，就無法融入群體。你今生的使命就是要擺脫這種想法，讓情感與熱誠引導自己。

獅子座的宮位

獅子座會為所在的宮位帶來更深的洞見，你會以輕快而富有玩心、充滿創意的心情，完成這領域的功課。獅子所落的宮位，代表你是該領域的天生領導者，但注意，別過於浮誇或傲慢。

前往獅子座守護星太陽的薩滿旅程

在這個練習當中，你將透過薩滿旅程前往一個非日常的世界，也就是上界。這跟冥想有點類似，但是你能主動提問，尋求指引與解答。薩滿旅程是一種神奇的方式，讓你得到生命中的助力支援。從事薩滿旅程的頻率依你自己而定。

首先在YouTube或者其他類似網站上搜尋「薩滿鼓聲」（Shamanic Drumming），從中選一首，長度十到十五分鐘（我自己尤其喜歡Shamanic Experience還有Sandra Ingeman製作的）。一開始可以嘗試兩三首，找出自己最喜歡的。用耳機或者放大音量的效果最好。先讓自己處於舒適放鬆的狀態，然後按下播放鍵。

你可以躺在舒服的毛毯上，或者兩腳平放在地、採取舒適的坐姿。然後開始播放音樂，閉上雙眼。

想像自己身處某個出發地。我的出發地是一片草原，你的出發地可能是沙灘、山間、森林等等任何地方，無論眼前浮現什麼樣的地點，都不要懷疑。

想像自己身處其中，然後看看四周，有沒有一個靈性嚮導（通常是動物或者其他同伴，可能是神話裡的生物，甚至植物、樹木）。邀請你的靈性嚮導與你一起踏上旅程。接下來，找出通往上界的道路，可能是梯子、階梯、豆莖，或者你乾脆直接飛行。無論是哪種通路，都不要懷疑。

現在想像你前往太陽──獅子座的守護星。記住途中發生的每一件事情，與太陽對話，提出問題。

在你的星盤上與太陽及獅子座有關的領域裡，太陽能夠如何幫助你呢？

太陽與獅子座能夠如何幫助你自我成長呢？

關於前一個問題，太陽可能會告訴你在太陽與獅子座守護的領域裡，如何學著發光、培養自信；關於第二個問題，太陽會建議你如何發展領導特質。要記住的是，這段對話的中心思想是，你正在尋求最適合自己的方式、發展自己的能量。

對話結束之後，要向太陽道謝，然後循來時路回到出發地。準備好，睜開眼，把這段旅程記錄在筆記本上。

獅子座在第一宮

如果你的獅子在第一宮宮頭或者第一宮裡，你的外型亮眼，待人溫暖友善、性格率直。你很有魅力，人們被你散發的歡樂氣息所吸引。你能夠照亮每一個場合，人們會自然而然地聚集在你身邊，希望得到你的注意與喜愛。所有人都喜歡與你相處。

獅子座在第二宮

如果你的獅子在第二宮宮頭或者第二宮裡，你喜歡以自己天生的吸引力與光芒贏取財富。你嚮往貴族式的生活——有綠草如茵的花園、美酒佳餚、奢華的家具，而且你愈有錢，就會對自己愈有信心。這個落點的挑戰是從內在肯定自我價值，而非由外在的財富證明自己。你可能會以公開演講或表演的方式賺取財富。

獅子座在第三宮

如果你的獅子在第三宮宮頭或者第三宮裡，你喜歡活潑的朋友與有來有往的對話，擁有戲劇化的表達能力，跟你聊天充滿樂趣，但你的言論可能也有點跋扈。外在儀表引人注目而威嚴，嗓音也很有魄力，但有時候旁人可能會覺得這些特點充滿侵略性。獅子座是固定星座，對自己認定的觀念會很執著，所以需要學著敞開胸襟，接納他人的想法和意見。

獅子座在第四宮

如果你的獅子在第四宮宮頭或者第四宮裡，家就是你的宮殿，而且你把家中布置得富麗堂皇，讓客人留下深刻印象。獅子在四宮，在家裡你喜歡成為大家注意的焦點，但是對其他家人而言，這個需求有時候會有點煩人。你要學著敞開胸懷——既要收穫，也要給予。獅子座與掌管第四宮的巨蟹座對於批評都是非常敏感的，意外地有顆玻璃心。

獅子座在第五宮

獅子座掌管第五宮，如果你的獅子在第五宮宮頭或者第五宮裡，你非常有創意、戲劇性，充滿活力。你很享受自己的嗜好，可能喜愛音樂、歌唱、戲劇等創作活動。你喜歡與兒童相處，而且樂於跟孩子一同嬉鬧。這個宮位帶來豐沛的創造力和令人歡快的能量，不過要注意，和你相處的人是否會因此而筋疲力盡。

獅子座在第六宮

如果你的獅子在第六宮宮頭或者第六宮裡，你以你的工作自豪，自信源自於專業受到讚美與獎勵。要是沒有他人的褒獎或掌聲，你便會感到乏味、陷入倦怠期。第六宮也是服務之宮，如果你學著以服務精神來引導群眾，會比仰賴他人給予認可更好。

獅子座在第七宮

獅子在第七宮宮頭或者第七宮裡，表示你喜愛強壯而有魅力的伴侶。會吸引你的對象可能是某個領域的佼佼者，能負起責任，但也可能有佔有欲或控制欲太強的副作用。最理想的情況是——找到具有領導者風範的伴侶，而且對方能尊重你的想法。

獅子座在第八宮

如果你的獅子在第八宮宮頭或者第八宮裡，你可能會控制合夥人的財務，而且別人多半沒什麼發言權。在靈魂層面上，你已經準備好全心投入玄學領域、並成為領導者，將自己的光芒照進那些幽暗國度。

獅子座在第九宮

如果你的獅子在第九宮宮頭或者第九宮裡，你對於自己以及自己的信念擁有極大的信心。你有潛力成為哲學研究或教育體系中的大師，但可能會因為太過關注自身地位，壟斷他人的發展空間。你喜愛學習、教學、旅遊。

獅子座在第十宮

獅子在第十宮宮頭或者第十宮裡，表示你渴望得到公眾認可、在自己的事業領域裡發光。你有極佳的持續力，只要下定決心，就能完成所有計畫。由於獅子座本身就是發光體，因此必須注意自己是否會奪走別人發光的機會。提醒你，最好的領袖總能夠激發、引導下屬的潛力。

獅子座在第十一宮

如果你的獅子在第十一宮宮頭或者第十一宮裡，你喜歡社交，因為魅力超群，也可能會吸引很多「粉絲」。第十一宮也是社會／政治議題之宮，你也許會成為某個團體的意見領袖，不過請記住，請以人道主義為目標領導團體，而非為了自己的名位。

獅子座在第十二宮

獅子座富有領導風範和玩心，但是第十二宮代表集體無意識、與靈感及神祕事物的連結，所以有這個宮位的人，通常會退居幕後，獅子座的活力只存在於他自身與集體無意識之間。十二宮消融了獅子座龐大的自我意識，可能會變得過於無私和慷慨。

97

獅子座個案研究

茉莉的出生星盤有以下落點：

- 太陽獅子在第二宮
- 月亮處女在第二宮
- 上升點巨蟹

在這個案例裡，我們要看的是太陽、月亮、上升點。在213頁附錄 A的案例則會整合星盤上的其他元素。

茉莉喜愛表演與舞台，但是又會怯場。對上升巨蟹而言，這是常見的情況。研究了自己的出生星盤之後，她確認自己是一個天生的表演者（太陽第二宮），但是對自我相當嚴格（月亮處女第二宮），與陌生人接觸的時候，常給人內向害羞的印象。由於月亮處女第二宮以及上升巨蟹，讓熱情的第二宮太陽獅子同時能兼顧細節，但是月亮處女讓她嚴厲地審核、批判自己。上升巨蟹顯示她更適合發展幕後事業。

茉莉的星盤幫助她了解到，自己面對外界時顯得相當害羞（上升巨蟹）而且對自己非常嚴格（月亮處女），她可以藉由深呼吸幫助自己放鬆，讓心神安住當下，如此就能緩和自己的羞怯感。

獅子座的靈魂

任何一個太陽星座的人格與行為，都受到出生星盤上其他落點與相位的影響。想要全盤描繪出個人藍圖上的可能與潛力，就必須融合所有行星、宮位、相位以及行運。

如果你的太陽星座是獅子座，那麼你跟其他太陽獅子的人會有共通之處，但是你依然是獨一無二的你。比如說，太陽獅子與上升天秤，比起太陽獅子與上升摩羯，前者極富吸引力，相處起來非常有趣；而後者比大多數獅子座內斂。又比如太陽獅子與射手月亮，比起太陽獅子與天蠍月亮，前者較為熱情、會四處遊走；後者的決心堅定，而且反應靈敏。

以下幾件事必須加以考慮，這樣可以幫助你在人生的不同領域發揮獅子能量。首先要記住的是，這是你靈魂的自主選擇，好讓你在這些領域更加深思熟慮、可靠、穩當，徹底發揮獅子座的正面特質。

獅子座學習喜愛自我技巧的策略

獅子座掌管心臟與感情，有顆敏感玻璃心的獅子座，總不斷尋求他人的肯定與喜愛。如果獅子能學著肯定自我，就不會為了得到旁人肯定，無尺度的付出及接受。以下這些練習可以幫助你「提升自我肯定感」。

1. 在YouTube或者其他類似網站上找些喜歡的冥想教學。也可以上網下載，定期聆聽這類肯定自我的冥想教學。

2. 定期給自己一些獨處時光，就算旁人不認可也無所謂。比如一次泡泡浴、一次按摩、一本好書，或者一部電影。獅子需要大量地讚美，如果你能經常以這些方式來讚美自己，就不需要常向外尋求他人肯定。為自己加油，給自己獎勵。

3. 要發展認同自己的技巧，鏡子催眠也很有用。站在或者坐在鏡子前，看著鏡中自己的眼睛，然後對自己說話。首先告訴自己：「我愛你。」然後說出自己的優點，大量讚美自己。你本來習慣向外尋求肯定，但是現在請直接用話語肯定自己。每天都這樣做，連續二十一天。

一般性的個人發展

獅子座最大的難題是他們有「頤指氣使」的傾向，彷彿把旁人當作自己的臣民。比較好的表現形式是以自己為榜樣，成為他人的模範，激勵他人。

親密關係／人際關係

觀察一下獅子座的對宮寶瓶座，它代表原創性、創新、個人自由，因此獅子座與人建立關係的時候，如果能學習寶瓶的獨立性會很有幫助。這並不是要你完全變成寶瓶，而是當你與人交往的時候，你應該融合一些寶瓶的特質，這樣有助於建立更成功的關係。

達成目標

獅子座是固定星座，比起其他星座，當他們決定要完成目標，通常能全心全意。不過他們對於自己的目標可能會太過執著，所以練習調整步調，或適時轉換方向會很有幫助——當事態發展不盡如己意的時候，至少不會過度沮喪。

事業

想要完整分析哪一種事業適合你，必須考慮第十宮宮頭(天頂)，第十宮星座的守護星，以及第十宮裡的行星。比如說，如果太陽獅子搭配第十宮宮頭牡羊座、太陽(掌管獅子座)在第一宮，此人會是很好的領袖人物。

太陽與獅子座的筆記練習

手邊準備好你的筆記本，選一個安靜的時間與地點，來看看你的出生星盤。先看太陽與獅子座。看太陽落入的星座，還有太陽與獅子座的宮位。參考93頁的獅子座宮位，也能大概知道太陽在各宮位的情況。

把本書裡以及你從薩滿太陽旅程得到的關鍵字詞寫在筆記本裡。思考自己在人生中以什麼方式展現這些能量，並且思考自己如何有意識地選擇發展這些能量，而非只是對外界做出反應。比如說，如果你的太陽或者獅子座在第三宮，你可能會發現自己還沒有完全發揮強大的感染力。你可以選擇參加戲劇課程，或者找尋演說機會來激發自己的潛能。把你的想法寫在筆記本裡。

透過筆記練習以及薩滿太陽旅程，你就可以真正了解自己星盤上的能量，選擇在人生中如何有效的發揮與體現。

第八章

處女座：室女

一個人真正的職責，是承擔在社會裡的正確功能關係——
簡而言之，就是找到你真正的任務，然後開始執行。

—— 夏綠蒂·柏金斯·吉爾曼

日期：八月二十三日～九月二十二日，頭尾日期視當年星曆而定。

元素	分類	守護星	掌管宮位
土	變動星座	水星	第六宮

處女座是土象變動星座，由水星掌管。它是黃道第六宮，此時我們進入了成年期，
也開始出社會工作。

處女座的象徵是室女。請注意處女座的符號像是一個尾部打捲的**M**，像主管消
化的腸道，因為處女座與第六宮、健康、腸胃健康有關。這個**M**也象徵母親
（Mother）、聖母（Madonna），以及聖經中的處女瑪麗亞（Mary），這符號也指
出了這個星座的意義。

對處女座而言，最好的形容詞是「實用」。處女座務實且注意細節，以自身體現服務原則。也就是說，處女座喜歡讓自己「有用處」。處女座通常重效率、有條理、工作勤奮。一切需要考究細節的技巧以及手工技能，都與處女座密切相關。比如說，如果某人的太陽處女在第九宮，那麼他會在宗教及旅行相關的領域發揮自己所長。他會不斷研究這些人生領域，讓自己能在此領域有所貢獻。

在無意識的情況下，處女座會追求完美、過度重視細節到「奴役」自己的程度，這使處女會嚴苛的對待自己及他人。透過自覺了解，處女座可以選擇放鬆對於完美的執念，稍微減輕對細節的執著。

接下來我們要研究各行星、各宮位落在處女座的表現。準備好你的出生盤，看看你有哪些行星在處女座，以及這些行星的宮位。接著找出這三者(行星、星座、宮位)對你有意義的關鍵字詞，就可以結合解釋這些能量，解釋的時候，你可以把關鍵字詞代換成自己選擇的同義字。列出這些資料，你就有了一幅意義清晰的全景，能夠進一步深入了解處女能量在你身上如何展現。真正的自知與選擇，就從此而來。有了這些知識護身，你就能夠選擇如何使用處女的能量，如何反應、如何行動，以及在這個世界上如何展現你的處女特質。

行星在處女座

這一節簡要敘述各行星位於處女座的情況。在此我要提醒你，不要把這些敘述當作絕對的定義，而是要把它們當作跳板，想出意義相近的詮釋，嘗試解讀自己的星盤。這一章裡的描述及練習可以強化你的解盤技巧，用以描述處女能量與行星在你身上展現的情況。

月亮在處女座

月亮代表你的情感。落在處女座，那麼最讓你快樂的時刻，就是當忙於生活中簡單的細節，還有感到自己對他人有所貢獻的時候。月亮處女的人很自謙，而且喜歡待

在幕後安排工作。缺乏常規與條理對他們來說是很大的壓力來源，在無意識的情況下，他們會因此變得挑剔、疑神疑鬼。要是日常生活能夠訂出簡單又有效率的行程，同時擁有健康的作息，就能為他們帶來很大的滿足感。

水星在處女座

水星代表交流與思路，水星守護處女座，所以水星落在處女座是擢升位置（exaltation，即星體在此位置具有強大力量），最能發揮所長。如果你有這個落點，能夠吸收大量的資訊，並且純熟地歸納整理，使其條理分明。你說話清晰準確，直指核心，還有一本正經的幽默感，冷面笑將的特質能夠軟化你的鋒芒。但是要注意的是，你對於缺乏條理的人沒什麼耐性，而且會對他們吹毛求疵。

金星在處女座

金星代表愛、親密關係、樂趣、創造力，以及我們對於人生中物質與享樂的價值觀。金星在處女的能量相當含蓄，對於親密關係與物質環境，會不斷分析挑揀以追求完美，但往往對自己及他人都過於挑剔。金星處女希望每一件事物都是實際有用的，包括自己與他人的關係。如果金星在這個落點，你會覺得與其追求公然示愛的浪漫，幫助他人安排生活反而更有意義。

火星在處女座

火星代表你的意志、動力、精力。火星落在處女座，這表示你經常受到激勵做出「有用的事」、採取真正能夠幫助他人的行動。處女座的分析能力強，能夠很快鑑別出哪些行動會最有成效，然後即刻動手。但這個落點也可能讓人時時處於緊繃的狀態，緊張的能量會逐漸累積，如果沒有找到健康的方式抒發，最後健康可能會出狀況。如果你的火星在處女座，規律的起居作息對你而言有益無害。

木星在處女座

木星代表擴張、信念、真理、自由，但是也代表浮誇。木星處女會負起重責大任，以確保手上的任務能確實完成，而且他們對於細節與秩序的專注也的確能帶來成功。這是一個生產力很高的落點。不過處女座厭惡冒險，所以往往會在事前準備上用力太過，傾注過多心力。如果你有這個落點，要注意你可能會因為圍於細節，失去了木星綜觀全局的能力。

土星在處女座

土星代表技藝精湛、決心、紀律。土星在處女座極為嚴肅，且事必躬親。在任何需要專心一意以及注重細節的領域裡，他們都能獲得極高的評價，但他們在試圖控制一切的同時，也可能會孤立了自己。如果你是土星處女，你可能會為了工作而忽略生活。如果你能學著偶爾放下工作，率性遊玩，將會輕鬆不少。

天王星在處女座

天王星代表獨立、不可預測、打破常規。如果你的天王星在處女座，你能夠一絲不苟地建構大規模的流程和規範，並且隨著時代潮流製造出創新的事物。這個落點的智力驚人，頭腦會不斷運轉，彷彿超級電腦，一秒鐘能夠處理數千個數據。天王處女對於自然界與科技世界都很感興趣，能利用自己的分析、發明能力，以及天生的巧手，從目前已有的事物中創造出新發明。

海王星在處女座

海王星代表靈感、幻想、心靈上的敏感、療癒、無序。海王星在處女對於身、心、靈之間的關係深感興趣。由於處女座有過度分析的傾向，會試圖想釐清朦朧的海王星能量，因而導致焦慮緊張。如果你有這個落點，消除焦慮的有效方式是嘗試幫助、服務他人，尤其是身體健康方面的把關。

冥王星在處女座

冥王星是靈魂，或者靈魂的渴望。冥王星在每個星座會停留大約二十年，因此這個強大的矮行星造成的影響是關乎整個世代的，也就是說，出生在這個世代裡的每個人，冥王所在星座都一樣。因此必須結合世代意義與你個人的冥王宮位，才能看清你個人的宇宙藍圖。

冥王星從1956年到1972年停留在處女座，下一次回到處女座是在2204年。冥王處女這一代人專注於為大眾利益做出貢獻，學習發展出實際方式來解決世界問題。美國前總統歐巴馬、瑪丹娜、惠妮‧休斯頓、演員金‧凱瑞都是冥王處女。

南交點在處女座

如果你的南交點在處女座，那麼你靈魂的本能習慣是以服務他人來評價自己，甚至到了自我犧牲的地步，而你正在學著放下這種本能習慣。你也可能會不斷分析批評自己和他人，是近乎患有強迫症的完美主義者。

北交點在處女座

如果你的北交點在處女座，你正在學著與外在世界多加往來，並且試著以某些方式幫助別人。你不擅於制定計畫與規範，所以現在你正在學著了解計畫與常規的重要性。

處女座的宮位

處女座會為所在的宮位帶來更深的洞見，在這個宮位所管轄的領域裡，你深具憐憫心，能夠創造秩序。對於處女座宮位所掌管的領域，你會特別注重實用的技巧。但是要注意是否會變成一個事事過度分析的完美主義者。

前往處女座守護星水星的薩滿旅程

在這個練習當中，你將透過薩滿旅程前往一個非日常的世界，也就是上界。這跟冥想有點類似，但是你能主動提問，尋求指引與解答。薩滿旅程是一種神奇的方式，讓你得到生命中的助力支援。從事薩滿旅程的頻率依你自己而定。

首先在YouTube或者其他類似網站上搜尋「薩滿鼓聲」(Shamanic Drumming)，從中選一首，長度十到十五分鐘(我自己尤其喜歡Shamanic Experience 還有Sandra Ingeman製作的)。一開始可以嘗試兩三首，找出自己最喜歡的。用耳機或者放大音量的效果最好。先讓自己處於舒適放鬆的狀態，然後按下播放鍵。

你可以躺在舒服的毛毯上，或者兩腳平放在地、採取舒適的坐姿。然後開始播放音樂，閉上雙眼。

想像自己身處某個出發地。我的出發地是一片草原，你的出發地可能是沙灘、山間、森林等等任何地方，無論眼前浮現什麼樣的地點，都不要懷疑。

想像自己身處其中，然後看看四周，有沒有一個靈性嚮導(通常是動物或者其他同伴，可能是神話裡的生物，甚至植物、樹木)。邀請你的靈性嚮導與你一起踏上旅程。接下來，找出通往上界的道路，可能是梯子、階梯、豆莖，或者你乾脆直接飛行。無論是哪種通路，都不要懷疑。

現在想像你前往水星，處女座的守護星。記住途中發生的每一件事情。與水星對話，提出問題。

在你的星盤上與水星及處女座有關的領域裡，水星能夠如何幫助你呢？

水星與處女座能夠如何幫助你自我成長呢？

關於前一個問題，水星可能會給你一些在該領域如何學習創造秩序，或者實用事務等建議；關於第二個問題，水星會建議你如何專注在服務上。要記住的是，這段對話的中心思想是——你正在尋求最適合自己的方式、發展自己的能量。

對話結束之後，要向水星道謝，然後循來時路回到出發地。準備好，睜開眼，把這段旅程記錄在筆記本上。

處女座在第一宮

如果你的處女座在第一宮宮頭或者第一宮裡，你給人的印象是整潔有序。處女座一宮的人會寫下詳盡的筆記、整理各種清單、做事很有條理，注意到每一處細節。第一宮是人們眼中的你，而處女座想要把每件事都安排準確，所以要注意可能會因此精神緊繃，想要讓每件事都井井有條，導致工作過量。

處女座在第二宮

如果你的處女座在第二宮宮頭或者第二宮裡，你喜歡運用組織能力來記錄自己的財務活動，制定財務計畫。你可以成為一個很好的理財人員，不過你厭惡風險，所以投資可能會偏向保守。需要條理常規的職業與工作，能夠為你帶來金錢收入。

處女座在第三宮

如果你的處女座在第三宮宮頭或者第三宮裡，你一直在接收、分析、整理各種資料與訊息。你不斷給自己的心智投餵新訊息，而且特別擅長處理需要邏輯與說理的事務。不過癥結可能在於如何分享這些新訊息，因為你的完美主義會讓你覺得自己還不夠好、不足以與他人分享。一旦當你開始分享，你對於那些言行符合你的期待的人，可能會產生心理依賴。學著放下這種完美主義，對你會有幫助。

處女座在第四宮

如果你的處女座在第四宮宮頭或者第四宮裡，你的家庭生活可能是制式而有條有理的，如果你無法保持生活的秩序，就會不快樂。但你的家人可能會覺得你過分挑剔，讓他們做什麼事都戰戰兢兢。尊重每個人的空間，讓他們能做自己是很重要的。

處女座在第五宮

處女座在第五宮宮頭或者第五宮裡的人,喜歡有條理的、經過計劃的行程或目標。對於靜態活動的喜愛更勝於動態。要提醒的是,若每件事都規劃得無懈可擊,可能會失去生活的樂趣。此外,你的高標準旁人幾乎無法企及,所以要試著避免對你的孩子與親密關係對象過分批評。

處女座在第六宮

處女座掌管第六宮,如果你的處女座在第六宮宮頭或者第六宮裡,對你而言,你的工作與每日常規至關重要。你最擅長需要專注細節或與手工相關的工作,尤其是與服務他人有關的工作。你要注意自己可能會因為對某個小環節太過要求,反而被困住而無法順利完成整件工作。不同的養生或療癒方式能勾起你的興趣。

處女座在第七宮

處女座在第七宮宮頭或者第七宮裡,那麼吸引你的對象能夠幫助你與現實保持接觸、一起規劃生活里程碑。這些也代表了你自身受到抑制的部分,原因可能出自文化或家族的約束(又稱被捨棄的自我或陰影),所以你傾向於在別人身上尋找回來。

處女座在第八宮

如果你的處女座在第八宮宮頭或者第八宮裡,你對於合夥同伴的財務很謹慎細心,而且擅長所有必要的細節。但是如果事態與你所計劃的不一樣,你會非常憂心。你對於玄學與深層心理,也會抱持如上所述的分析態度去研究,並且會把這方面的研究心得應用在身心療癒方面。你對於心理學會很感興趣。

處女座在第九宮

如果你的處女座在第九宮宮頭或者第九宮裡，你會以系統性的詳盡方式研究信仰以及文化。對於自己的信仰，你會身體力行，要求嚴格近乎清教徒，並且會擴延到旁人身上。要注意的是，如果你的要求超出了大家認可的範圍，會像是在雞蛋裡挑骨頭。

處女座在第十宮

如果你的處女座在第十宮宮頭或者第十宮裡，在社會上最適合你的角色能夠激發你的分析與組織能力。你會受到傳統產業與角色的吸引，而且遠離眾人矚目的聚光燈下。最適合你的事業與人生使命，是創建提供服務的組織。

處女座在第十一宮

如果你的處女座在第十一宮宮頭或者第十一宮裡，你雖然知心好友不多，可一旦認定你們的關係，就會十分忠誠。你在群體裡扮演著規劃細節與照料他人的角色。同時，你也是腳踏實地的理想家，能夠把夢想化作現實。

111

處女座在第十二宮

處女座代表服務與組織，而第十二宮代表集體無意識、與靈感及神祕事物的連結，如果你的處女座在第十二宮宮頭或者第十二宮裡，你可能成為一個腳踏實地的神祕主義者，能夠掌握錯綜的心靈景象，把它們帶進現實世界。第十二宮的無私精神會為這個宮位帶來挑戰，可能導致類似殉道者的心理，使得你總是為他人付出太多。

處女座個案研究

尼克的出生星盤有如下落點：

* 太陽處女在第十一宮
* 月亮天秤在第十二宮
* 上升點天蠍座

在這個案例裡，我們要看的是太陽、月亮、上升點。在213頁附錄A的案例則會整合星盤上的其他元素。

尼克發現大家經常說他太敏感，而他花了很多時間思考自己問題到底出在哪裡。研究了自己的出生星盤之後，他認為自己是一個團體中的組織者（太陽十一宮），具有同理心而且非常害羞（月亮天秤十二宮），性格雖然內向、但是初識時非常有吸引力（上升天蠍）。由於尼克有月亮天秤十二宮以及上升天蠍，所以他的太陽處女十一宮兼具天秤的分析能力與處女的完美主義，並且像天蠍一樣喜歡在幕後運作；需要詳盡組織能力去幫助他人的工作最適合他。

尼克的星盤顯示，能夠讓他發揮強大組織能力的工作機構最適合他（太陽處女），讓他去實行他人的計畫（月亮天秤）。這樣可以讓他遵行他人的規則，免於自我批評。

處女座的靈魂

任何一個太陽星座的人格與行為，都受到出生星盤上其他落點與相位的影響。想要全盤描繪出個人藍圖上的可能與潛力，就必須融合所有行星、宮位、相位以及行運。

如果你的太陽星座是處女座，那麼你跟其他太陽處女的人會有共通之處，但是你依然是獨一無二的你。比如說，太陽處女與上升金牛，比起太陽處女與上升雙子，前者比較容易接納他人；後者更擅長社交，而且能夠清晰傳達腦海裡的所有

處女座減緩內在批評與過度分析的策略

處女座最大的問題之一就是自我批評，這一點來自於他們的內在。以下策略能夠幫助你減緩內在的批評聲浪，幫助你肯定自己其實做得很好。

1. 處女座是一個「思想的」星座，所以寫筆記是很好的整理方法。把在你心頭縈繞不去的最糟情況寫出來，然後針對它提出問題。這個情況是真的嗎？實際發生的機率到底有多少？（處女座最愛統計數字。）然後寫下最好的情況，再運用你的邏輯思考去評估每種情況的可能性。這種分析可以幫助你了解到，樂觀的評估往往也是最理性的評估。

2. 在你的筆記本或者一張紙上，把每件已經成功解決的事情記錄下來，包括那些改善了你的健康、心情、生活的事情。然後寫封信給自己的內在批評家，告訴他，他錯了，你的主張與想法對於生活是有正面影響的。持續做記錄，這是一份證明，證明了你的心智是很了不起的。

3. 對於過度分析的處女座來說，靜心冥想很困難，卻很必要。寂靜無聲的冥想可能不適合你，所以在冥想時可以放一些大自然的音樂，更好的是在戶外冥想，聽著鳥鳴或者樹梢風聲，肯定會靈思泉湧，把它們當作飄浮的雲，或者拍打岸邊的浪，輕輕地讓它們走過。

想法。又比如太陽處女與月亮獅子，比起太陽處女與月亮巨蟹，前者更喜愛眾人矚目；後者較為內向。

以下幾件事必須加以考慮，這樣可以幫助你在人生的不同領域發揮處女能量。首先要記住的是，你的靈魂選擇了處女能量，好讓你在這些領域成為組織者，而且能夠創建出結構與條理。你可以選擇徹底發揮處女座的正面能量。

一般性的個人發展

處女座最大的困擾就是他們對於自己做的每一件事都會過度思考。比較好的選擇是學著接納「完成」比「完美」更好。如果想要抵消這種追求完美的傾向，你可以嚴格立下最後期限，時間到了就停手，不過一開始要這麼做可能並不容易。

親密關係／人際關係

處女座的對宮是雙魚座，雙魚代表同情、夢想、敏感，如果處女座學著發展這些特質、對於少許混亂不以為意會很有幫助。這並不是要你完全變成雙魚，而是當你與人交往的時候，應該融合一些雙魚的特質，這樣有助於建立更成功的關係。

達成目標

處女座是變動星座，因此喜歡改變。他們的完美主義讓他們保持決心，專注去做能夠讓他們達成目標的每一件事，但是這也會讓他們囿於細節，而看不出只要稍微調整一下軌道就能另闢蹊徑、更快達到目標。學著在你邁向目標的軌道上嘗試擁抱變動，從細節當中抬起雙眼，看看其他的可能。

114

水星與處女座的筆記練習

手邊準備好你的筆記本，選一個安靜的時間與地點，來看看你的出生星盤。先看水星與處女座。看水星落入的星座，還有水星與處女座的宮位。參考107頁的處女座宮位，也能大概知道水星在各宮位的情況。

把本書裡以及你從薩滿水星旅程得到的關鍵字詞寫在筆記本裡。思考自己在人生中以什麼方式展現這些能量、自己如何有意識地選擇發展這些能量，而非只是對外界做出反應。比如說，如果你的水星或者處女座在第八宮，你可能會發現自己還沒有完全發揮自己傑出的分析能力、去探索更深的親密關係，或者去研究合夥財務資源。透過思考與覺悟，你可能會選擇開始練習薩滿儀式，或者成為財務顧問。把你的想法寫在筆記本裡。

透過筆記練習以及薩滿水星旅程，你就可以真正了解自己星盤上的能量，選擇在人生中如何有效的發揮與體現。

115

事業

想要完整分析哪一種事業適合你，必須考慮第十宮宮頭（天頂），第十宮星座的守護星，以及第十宮裡的行星。比如說，如果太陽處女搭配第十宮宮頭巨蟹座、水星（掌管處女座）在第十一宮，則此人適合在團體中擔任照顧者的角色，甚至可能以低調的方式指導他人。

第九章

天秤座：天平

布蘭思索了一陣。
在我們每個人體內，黑暗與光明的成分都是並存的……
人類自己很難達到道德上的平衡，這才是造成這個世界瘋狂的主因。

—— 伊莉莎白・吉兒伯特《吃，祈禱，愛》

日期：九月二十三日～十月二十三日，頭尾日期視當年星曆而定。

元素	分類	守護星	掌管宮位
風	開創星座	金星	第七宮

天秤座是風象開創星座，由金星掌管，守護黃道第七宮，我們在這裡開始與他人建立親密關係。

天秤座的象徵就是一把天平，暗示平衡與正義（正義的天平）。天平代表公平地權衡所有不同的觀點。就像天平一樣，天秤座也總是在尋求等重的中心點，不過這很難做到。天秤座經常會先傾向一邊，然後又倒向另一邊。因此天秤座同時代表了戰爭與和平，而且忍不住要藉由減損一方來創造平衡。天秤座的演化挑戰就是要揭示世上的不對等，但不要偏向其中一方。

首先請注意天秤座的符號，看起來像是地平線上的日出，而以我的觀點看來，也像日落。第七宮宮頭正對著上升點、也就是出生點，這表示我們正在進入接納的階段，在這裡，自我與世界產生關係，並且必須開始適應一切「他者」。

天秤座是具有接納性質的風象星座，而風元素與心智相關。天秤座聰明、有外交手腕、隨和。他們外表看起來很有很魅力、富創造力，喜愛美麗的環境。天秤善於接納，可能導致共依附心理（codependency，以他人為重心，自我價值低落），而且喜歡倚賴他人的看法與意見，所以他們通常不善拒絕他人，為了和諧，願意付出任何代價——而這個代價通常是他們的自我。比如說，和太陽天秤在第一宮的人相處，會非常和氣愉快，因為他們會表現出善於體諒，而且公正的特質。

在無意識的狀態下，天秤座會為了達成平衡，不顧自己的感受，此時天秤能量會變得具有強烈的「消極攻擊性」傾向（passive-aggressive，心理學術語，指的是從心理上操縱別人以達到目的）。經過了解與覺悟，天秤座可以練習誠實面對自己的感受，與他人互動時更確實地表達主見。

現在你已經大致了解天秤座能量。接下來我們看看行星在天秤座的情況以及宮位。準備好你的出生盤，看看你有哪些行星在天秤座，以及這些行星的宮位。接著找出這三者（行星、星座、宮位）對你有意義的關鍵字詞，就可以結合解釋這些能量，解釋的時候，你可以把關鍵字詞代換成自己選擇的同義字。列出這些資料，你就有了一幅意義清晰的全景，能夠進一步深入了解天秤能量在你身上如何展現。真正的自知與選擇，就從此而來。有了這些知識護身，你就能夠選擇如何使用天秤的能量，如何反應、如何行動，以及在這個世界上如何展現你的天秤特質。

行星在天秤座

這一節簡要敘述各行星位於天秤座的情況。在此我要提醒你，不要把這些敘述當作絕對的定義，而是要把它們當作跳板，想出意義相近的詮釋，嘗試解讀自己的星盤。這一章裡的描述及練習可以強化你的解盤技巧，用以描述天秤能量與行星在你身上展現的情況。

月亮在天秤座

月亮代表你的情感。月亮落在天秤座，會樂於追求實用的知識和藝術。太深奧、縹緲的知識會令天秤感到不安。如果生活過於忙亂，使你身心失去協調感，你會覺得情緒也跟著起伏不定。如果你有這個落點，外貌通常很有氣質，而且善於社交，會被美好的事物深深吸引。你總是彬彬有禮、善解人意，而且需要別人也以同樣的態度對待。但也可能發生最糟情況——過於自溺，傾向依賴他人。

水星在天秤座

水星代表交流與思緒，落在天秤座，表示你是天生的外交家／辯論家。這個落點能讓你清楚地看見所有觀點與立場，但是也可能導致無法確定自己的觀點。和你相處非常有趣，因為你喜歡與人親切地對談，談的多半是輕鬆、正向的內容，因為天秤通常不喜歡潛入陰影之中。你說話的嗓音腔調如音樂般悅耳，甚至會有撫慰之效。

金星在天秤座

金星代表愛、親密關係、樂趣、創造力，以及我們對於人生中物質與享樂的價值觀。金星是天秤的守護星，兩者是天生一對！擁有這落點的人心性平和、風姿優雅，且樂於與他人合作。你與對方互相尊重，盡力創造和諧平衡的關係。這個完美落點的唯一缺陷是焦點往往集中於外在的光彩與和諧，但容易忽略內在自我。

火星在天秤座

火星代表你的意志、動力、精力。火星喜歡行動，不喜歡花太多時間在權衡所有的選擇，所以火星落在天秤，往往會感到非常受挫。這種受挫感會導致抑鬱，甚至轉變成對他人的攻擊性。不過這個落點有一個長處，因為火星天秤願意為和平、平等而戰。如果你有這個落點，能夠與他人合作，激起公眾正面討論正義、藝術的意義。記住——要與他人合作行動。

木星在天秤座

木星代表擴張、信仰、真理、自由，但是也代表浮誇。木星天秤談戀愛時，路人都能感受到滿天的鮮花與紅心，然而他非常重視公平與正義，會有喜歡說教、固執己見的毛病。請記得，利他行為才是體現能量的最佳方式。也就是說，如果你有木星天秤這落點，在說教之前，記得換位思考對方的立場。

土星在天秤座

土星代表技藝精湛、決心、紀律。土星強化了天秤對正義的堅持，能夠做出公正客觀判斷。與其他行星落於天秤比起來，土星天秤更能獨立自主，不過在情感上可能不講情理到冷酷的程度。如果你有土星天秤，很適合與他人合作，不過要注意的是，有時候你會花費大量心力，試圖在自己的生活與親密關係之間取得平衡。

天王星在天秤座

天王星代表獨立、不可預測、打破常規。如果你有天王天秤，你生性深情、寬和，會未雨綢繆，也能為親密關係帶來十足的創造力。提醒你在生活中要留點空間給自己，才不會感到窒息、無法前進或獨立做出選擇。

海王星在天秤座

海王星代表靈感、幻想、心靈上的敏感、療癒、無序。天秤通常輕快超然，而海王擁有高度同情心與憐憫心。如果你的海王在天秤座，會有為大眾建立公平正義的使命感，由於你很有創造力，也會找到創新的方式企劃這方面的行動。

冥王星在天秤座

冥王星是靈魂，或者靈魂的渴望。冥王星在每個星座裡停留大約二十年，因此這個強大的矮行星造成的影響是關乎整個世代的，也就是說，出生在這個世代的每個人，冥王所在星座都是一樣的。因此必須結合世代意義與你個人的冥王宮位，才能看清你個人的宇宙藍圖。

冥王星從1971年到1984年停留在天秤座，下一次回到天秤座是在2219年。這一代的人專注在改善人與人之間的關係，對創造公平、正義的環境有一種近乎執迷的渴望。這一代人通常很有外交手腕，善於協商人際關係，但是因為冥王星非常堅持與遭受不公不義的弱勢者站在一起，不公的情況會讓他們的火山爆發。安潔麗娜·裘莉、李奧納多·迪卡皮歐、賈斯汀·提姆布萊克、英國的威廉王子，都是冥王天秤。

南交點在天秤座

如果你的南交點在天秤座，那麼你生來就對所有人都親切無私，而你正在學著調整這種習性。必須明白的是，正義的天平很難達到真正平衡。你的靈魂演化課程就是要建立獨立的自我意識，在關切他人的同時，也維護自己的快樂與利益。

北交點在天秤座

如果你的北交點在天秤座，你正在學習用更適切的方式與他人相處，學習如何了解他人的需要，進而與他人協力合作。

前往天秤座守護星金星的薩滿旅程

在這個練習當中，你將透過薩滿旅程前往一個非日常的世界，也就是上界。這跟冥想有點類似，但是你能主動提問，尋求指引與解答。薩滿旅程是一種神奇的方式，讓你得到生命中的助力支援。從事薩滿旅程的頻率依你自己而定。

首先在YouTube或者其他類似網站上搜尋「薩滿鼓聲」（Shamanic Drumming），從中選一首，長度十到十五分鐘（我自己尤其喜歡Shamanic Experience還有Sandra Ingeman製作的）。一開始可以嘗試兩三首，找出自己最喜歡的。用耳機或者放大音量的效果最好。先讓自己處於舒適放鬆的狀態，然後按下播放鍵。

你可以躺在舒服的毛毯上，或者兩腳平放在地、採取舒適的坐姿。然後開始播放音樂，閉上雙眼。

想像自己身處某個出發地。我的出發地是一片草原，你的出發地可能是沙灘、山間、森林等等任何地方，無論眼前浮現什麼樣的地點，都不要懷疑。

想像自己身處其中，然後看看四周，有沒有一個靈性嚮導（通常是動物或者其他同伴，可能是神話裡的生物，甚至植物、樹木）。邀請你的靈性嚮導與你一起踏上旅程。接下來，找出通往上界的道路，可能是梯子、階梯、豆莖，或者你乾脆直接飛行。無論是哪種通路，都不要懷疑。

現在想像你前往金星，天秤座的守護星。記住途中發生的每一件事情。與金星對話，提出問題。

在你的星盤上與金星及天秤座有關的領域裡，金星能夠如何幫助你呢？

金星與天秤座能夠如何幫助你自我成長呢？

關於前一個問題，金星可能會建議你，如何學習把自己放在第一位，幫助他人不是要耗盡自己，而是要先豐足自我，然後才與他人分享；關於第二個問題，金星會建議你如何發展自我意識，因為天秤往往只透過他人來評判自己。要記住，這段對話的中心思想是，你正在尋求最適合自己的方式、發展自己的能量。

對話結束之後，要向金星道謝，然後循來時路回到出發地。準備好，睜開眼，把這段旅程記錄在筆記本上。

天秤座的宮位

天秤座會為所在的宮位帶來更深的洞見，你在人生的這些方面總是以人際關係為重心，而且往往過於倚賴他人的看法。你要主動留意自己在這些方面是否喪失自己的主見。

天秤座在第一宮

如果你的天秤座在第一宮宮頭或者第一宮裡，你的自我往往根植在你與他人的親密關係之中。你透過這些關係來看待自己，而且很難獨處或者獨自做事。人們喜歡與你相處，在他們眼中你優雅從容。不過你受不了混亂的環境，身陷其中可能會感到極不舒服。

天秤座在第二宮

如果你的天秤座在第二宮宮頭或者第二宮裡，你可能透過藝術、法律、與美相關的事物為自己創造財富，也可能你的金錢會來自你的交往對象或者婚姻。你能創造出和諧的財務生活，因為如果你的收支不均，會感到非常失衡。你喜愛生活中那些精巧美麗的事物，重質不重量，但不會因此胡亂消費、超出自己的負擔。

天秤座在第三宮

如果你的天秤座在第三宮宮頭或者第三宮裡，你是優雅的溝通者，總是避免矛盾與爭論。你的嗓音悅耳，彷彿擁有魔力，所以你是個很好的歌手或者主持人。雖然爭端會讓你一時措手不及，但是你最有力的技巧是能夠說服他人以協商的方式溝通，而不加以強迫，是個出色的外交官。

天秤座在第四宮

如果你的天秤座在第四宮宮頭或者第四宮裡，你理想的住家就像個寧靜的港灣，布置美麗而有創意，讓你心情平和。對你而言，最難受就是有人在你家裡製造混亂、擾亂你的寧靜，讓你失去均衡。如果能學著接受一點混亂，或者允許家中其他人保有自己的空間，對你會有好處。你是紛爭的調停者，但是經常為了維持表面的寧靜而粉飾太平。

天秤座在第五宮

天秤座在第五宮宮頭或者第五宮裡的人，喜歡和大家一同共享娛樂活動，需要獨自一個人從事的嗜好則不在考量範圍。你是很公正的父母，會盡力傾聽孩子的心聲、了解他們。這是一個富有創造力的宮位，但是你可能無法看到自己的這項長處。與美有關的嗜好以及溫和的休閒活動比激烈的體能運動更適合你。

天秤座在第六宮

如果你的天秤座在第六宮宮頭或者第六宮裡，你與他人合作愉快，而且多半會扮演調停者的角色，能想到折衷的點子，讓所有人都能公平參與。你喜歡寧靜和諧的工作環境，要注意的是，如果你的工作環境嘈雜，健康就會受損。

天秤座在第七宮

天秤座在第七宮宮頭或者第七宮裡，你會受把你當作重心、盡心支持你的伴侶吸引，這也會為親密關係帶來平衡與和諧。但是要注意，不要只顧及自己能從對方那裡得到什麼，懂得「互相」，對方才不會覺得自己被你忽視。

天秤座在第八宮

如果你的天秤座在第八宮宮頭或者第八宮裡，你與你的伴侶也許會愉快的共享、執行財務規劃。可能出現的問題是天秤座有強烈的共依附心理，所以你可能會讓渡太

多權力給你的伴侶，或者正好反過來──你可能會試圖控制伴侶。關鍵在於折衷與溝通。

天秤座在第九宮

如果你的天秤在第九宮宮頭或者第九宮裡，你喜歡研究信仰系統與其他文化，對於公平正義有一種哲學性的認同。你可能會從事倫理學研究，或者教導他人關於平等與社會正義等議題。

天秤座在第十宮

天秤座在第十宮宮頭或者第十宮裡，那麼在社會上最適合你的角色是「合作者」。你優雅而有魅力，在藝術、美學、外交等相關領域會有很好的表現。要注意，你可能會難以確定事業方向，因為你總是花太多時間考慮所有選擇。

天秤座在第十一宮

如果你的天秤座在第十一宮宮頭或者第十一宮裡，你可能有一大群朋友，你會盡可能給他們同等的時間，這讓你有點像是社交花蝴蝶。你是團體的調停者，負責維持和樂的氛圍。第十一宮也代表長期目標，你可能會不斷變更自己的努力方向，不斷尋找適合自己的領域。

天秤座在第十二宮

天秤座代表夥伴關係與合作，而第十二宮代表集體無意識、與靈感及神祕事物的連結，如果你的天秤座在第十二宮宮頭或者第十二宮裡，你對其他人的想法與情緒極為敏感。你可能會用高標準要求自己的伴侶，而這會使得真正的伴侶關係變得很困難。你的直覺很強、心靈敏感，可能會想試圖滿足每個人的心靈需求，導致自己枯竭。提醒你把自己放在第一位。

天秤座個案研究

愛麗斯的出生星盤有如下落點：

- 太陽天秤在第六宮
- 月亮獅子在第五宮
- 上升點金牛

在這個案例裡，我們要看的是太陽、月亮、上升點。在213頁附錄A的案例則會整合星盤上的其他元素。

愛麗斯重視和諧的氛圍，可是她感到自己很難依直覺行事，而且過分依賴他人的意見與認可。研究了自己的出生星盤之後，她確認自己是天生的調停者（太陽第六宮），貪玩淘氣（月亮獅子五宮），初識時給人穩重的印象（上升金牛）。由於有月亮獅子第五宮加上升金牛，習慣取悅他人的太陽第六宮會傾向於穩定，選擇有趣或能和人有交流的工作。

愛麗斯的星盤也顯示她缺凡足夠的水象能量。水象能量代表直覺。她可以多從事水上活動，或多靠近河畔，這樣有助於激發天生的直覺。

天秤座的靈魂

任何一個太陽星座的人格與行為，都受到出生星盤上其他落點與相位的影響。想要全盤描繪出個人藍圖上的可能與潛力，就必須融合所有行星、宮位、相位以及行運。

如果你的太陽星座是天秤座，那麼你跟其他太陽天秤的人會有共通之處，但是你依然是獨一無二的你。比如說，太陽天秤與上升摩羯，比起太陽天秤與上升雙子，前者更為沉著穩健、嚴格自律；後者則容易猶豫不決，但是非常擅於社交。又比如太陽天秤與月亮牡羊的人，比起太陽天秤與月亮寶瓶，前者的共依附心理情況比較輕微；後者經常沉浸在自己的思緒中，神遊物外。

天秤座減輕共依附心理的策略

天秤座的注意力都在他人身上，在生活中視自身為他人的倒影，以至於很難了解自己的需要。以下策略能夠幫助你將注意力轉移到自己的需求上，落實你的情感與思想。

1. 每個星期花一個小時獨處，釐清你的價值觀、你重視的事物、你的信念。把這件事列進你的每週行事曆，嚴格遵守。在這一個小時裡，把所有心上浮現的想法都寫進筆記本裡，或者錄音。

2. 定期赤腳踩在土地上，這樣能讓你落實自己。只要條件許可，脫掉鞋襪，單純感覺自己腳下的土地。感受你與大地的連結。盡量每天做幾分鐘。

3. 當你猶豫不決的時候，把每一個選擇的正負面都寫下來。然後從中選一個，並且不給自己回頭考慮的機會。一開始你會感到很困難，不過當你做了一個選擇並且實行之後，你就會發現自己完成了更多。

127

以下幾件事若納入考慮的話，可以幫助你在人生的不同領域發揮天秤能量。首先要記住的是，你的靈魂選擇了天秤能量，好讓你在這些領域更著重合群與公平。你可以選擇徹底發揮天秤座的這些正面能量。

一般性的個人發展

天秤座最大的難題是他們總是優先考慮別人的需求，以至於不知道自己需要什麼。首先天秤座必須了解什麼才是對他人真正的忠誠。深深思考過後，你就能明白——只有先滿足了自己的需求之後，才可能滿足他人的需求。

親密關係／人際關係

天秤座的對宮是牡羊座，一個以自己為先而且非常直接、行動力強的星座。如果天秤座能學著發展這些特質、能夠很自在地說出「我先」，那麼會很有幫助。這並不是要你完全變成牡羊，而是當你與人交往的時候融合一些牡羊的特質，這樣有助於建立更順暢的關係。

達成目標

天秤座是風象星座，而且很難決定自己的個人與事業目標。花時間去找出自己的核心價值、找出自己的目標與夢想，對天秤座而言這是很必要的。因為你喜歡與他人合作，在花了時間釐清之後，你可能需要一些支援去達成自己的目標。

事業

想要完整分析哪一種事業適合你，必須考慮第十宮宮頭(天頂)，第十宮星座的守護星，以及第十宮裡的行星。比如說，如果太陽天秤搭配第十宮宮頭摩羯座、金星(掌管天秤座)在第七宮，則此人適合在藝術與美感工作領域中擔任協調者，但是摩羯也可能影響此人，使他在藝術領域中從事與商業有關的職位。

金星與天秤座的筆記練習

準備好你的筆記本，選一個安靜的時間與地點，來看看你的出生星盤。先看金星與天秤座。看金星落入的星座，還有金星與天秤座的宮位。參考123頁的天秤座宮位，也能大概知道金星在各宮位的情況。

把本書裡以及你從薩滿金星旅程得到的關鍵字詞寫在筆記本裡。思考自己在人生中以什麼方式展現這些能量，並且思考自己如何有意識地選擇發展這些能量，而非只是對外界做出反應。比如說，如果你的金星或者天秤座在第九宮，你對各種信仰都相當有興趣，但可能還沒有從事相關方面的活動。透過思考與覺悟，你可能會選擇開始接觸宗教或者倫理學課程，或者參加與社會正義相關的團體。把你的想法寫在筆記本裡。

透過筆記練習以及薩滿金星旅程，你就可以真正了解自己星盤上的能量，選擇在人生中如何有效的發揮與體現。

第十章

天蠍座：蠍子

每一場暴亂與權力鬥爭的根源，都是未曾滿足的需要。

—— 馬歇爾‧B‧羅森堡

日期：十月二十四日～十一月二十二日，頭尾日期視當年星曆而定。

元素	分類	守護星	掌管宮位
水	固定星座	冥王星	第八宮

天蠍座是水象固定星座，由冥王星掌管。它是黃道第八宮，在這裡，我們與一切「他者」融合。

天蠍座的象徵是蠍子，這讓我們馬上聯想到蠍子遭受攻擊時，會動用尾端的毒刺。事實上，天蠍是一個深刻而複雜的星座。象徵天蠍座的動物還有蛇，暗示牠蛻皮、轉化與重生的過程。此外火鳥也象徵天蠍座，同樣代表死亡與重生。

蠍子喜歡躲在自己的巢穴中——山洞、樹洞等一切幽暗且有保護性的處所，從這一點可以看出天蠍座的天性。他們喜歡靜靜待著，不要引起注意，隱密地把自己熾熱的情感藏在內心，不願表達。蠍子並不出獵，牠們躲避掠食者，但是腿上長著用以感應的纖毛，能夠察覺食物接近時的震動，然後驟然襲擊。也就是說，牠們等待食物接近，而非主動出擊。太陽天蠍的人也具有同樣在深處隱藏搏動的能量，能夠察覺周圍的一切——直覺非常敏銳。

如前所述，天蠍是水象固定星座，這一點顯示了他精神生活的深度。一切強大的威力都隱藏在表面之下，如同最深邃的海洋。天蠍座內在熱情、熾烈、執迷、深具魅力，絕對不要低估天蠍座。人們經常說天蠍座神祕兮兮，但是我認為這是他們重視隱私的表現。死亡與重生、性，威勢以及失勢都與天蠍相關，比如說，太陽天蠍在第五宮，會迷戀具有「轉化性」的嗜好，並且可能發生非常熱烈的戀情，也可能成為強勢的父母。

在無意識的狀態下，天蠍可能會操縱親近之人，因為他們深知如何牽引他人心弦以達成自己的目的。透過了解與覺悟，天蠍可以做出選擇，讓自己淡化以上這種傾向。

接下來我們要研究各行星、各宮位落在天蠍座的表現。準備好你的出生盤，看看你有哪些行星在天蠍座，以及這些行星的宮位。接著找出這三者(行星、星座、宮位)對你有意義的關鍵字詞，就可以結合解釋這些能量，解釋的時候，你可以把關鍵字詞代換成自己選擇的同義字。列出這些資料，你就有了一幅意義清晰的全景，能夠進一步深入了解天蠍能量在你身上如何展現。真正的自知與選擇就從此而來。有了這些知識護身，你就能夠選擇如何使用天蠍的能量，如何反應、如何行動，以及在這個世界上如何展現你的天蠍特質。

行星在天蠍座

這一節簡要敘述各行星位於天蠍座的情況。在此我要提醒你，不要把這些敘述當作絕對的定義，而是要把它們當作跳板，想出意義相近的詮釋，嘗試解讀自己的星盤。這一章裡的描述及練習可以強化你的解盤技巧，用以描述天蠍能量與行星在你身上展現的情況。

月亮在天蠍座

月亮代表你的情感，落在天蠍座，表示你相當忠誠，而且非常敏感。這麼強的感受性可能召喚你情感上的渴望——一種很深的強烈需求，幾乎會把自己所愛的人淹沒。這個落點的直覺非常精準、情感威力強大，尤其對本人而言幾乎帶有毀滅性。你要注意這些傾向，在它們控制自己之前就先加以消解。

水星在天蠍座

水星代表交流與思緒，落在天蠍座，表示你的心靈能夠探查到最深處的事實。水星天蠍在與人交流的時候，會流露熾烈熱情的天性，而且他們會不斷探查周遭其他人的動機。這個落點不喜歡寒暄閒聊，可以多跟他們談點自己正在思考的深刻主題。

金星在天蠍座

金星代表愛、親密關係、樂趣、創造力，以及我們對於人生中物質與享樂的價值觀。金星天蠍多少讓人有點「蛇蠍美人」的印象，你的魅力與神祕感吸引著人們。你的愛意深濃，無論是對伴侶、藝術、金錢，或者其他美的事物。要注意你在親密關係中，佔有欲可能會太強，請試圖和自己的濃烈熱情平和共處，不要加以否定。

火星在天蠍座

火星代表你的意志、動力、精力。火星在天蠍座如魚得水，因為在古典占星學中，天蠍由火星守護。（演化占星學裡，守護天蠍的是冥王星。）火星天蠍擁有源源不絕的意志力與動力。但是要注意，有些人可能會無法消受這種無窮無盡的力量。如果你的火星在天蠍座，你具有非常強的吸引力和肉體能量，極為性感，情感也深沉到令人費解。

133

木星在天蠍座

木星代表擴張、信仰、真理、自由，但是也代表了浮誇。木星天蠍的情感豐富，遠遠高於一般人，但是這個落點也擅於隱藏自己強烈的情感。他們能為自己創造機會，在商場上非常幸運。如果你的木星在天蠍，你擁有自信、意志堅定，而且與其他落在天蠍座的行星比起來，木星天蠍顯得更為友善自在。

土星在天蠍座

土星代表技藝精湛、決心、紀律。土星天蠍對自己與他人的要求，都一視同仁地嚴苛。如果你有這個落點，你非常積極求取成功，但是內心深處也懼怕失敗、恐懼自己有所不足。這些恐懼會導致你對自己與他人更苛刻。學著不時放鬆一下、順其自然，這樣會有所幫助。

天王星在天蠍座

天王星代表獨立、不可預測、打破常規。如果你的天王星在天蠍座，那宇宙給了你一股不容忽視的能量，天王星的反叛精神讓你能夠跳出框架思考，成為源源不絕的點子製造機，而且能以天蠍的堅定意志付諸實踐。

海王星在天蠍座

海王星代表靈感、幻想、心靈上的敏感、療癒、無序。海王天蠍與神祕領域以及最深層心理學有著深刻連結，而且常人畏懼的事物反而會給他們帶來樂趣。他們對超自然感應往往十分敏銳，而且有成癮傾向。如果你有這個落點，你要注意沉溺於某件事物會限制你的能力，所以要提防任何會使你上癮的物質與行為。

冥王星在天蠍座

冥王星是靈魂，或者靈魂的渴望。冥王星在每個星座裡停留大約二十年，因此這個強大的矮行星造成的影響是關乎整個世代的，也就是說，出生在這個世代的每個人，冥王所在星座都是一樣的。因此必須結合世代意義與你個人的冥王宮位，才能看清你個人的宇宙藍圖。

冥王星從1983年到1995年停留在天蠍座，下一次回到天蠍座是在2230年。冥王天蠍這一代人專注於艱深的研究，比如基因工程。即使他們本人不是相關領域的業者，也會很感興趣。歌手泰勒絲、英國的哈利王子、馬克·祖克柏都是冥王天蠍。

南交點在天蠍座

如果你的南交點在天蠍座，那麼你前世的情感太過強烈，喜歡探究他人的心理動機，這導致你放太多注意力在他人身上，而你這一世要學著消除這種本能習慣。你的靈魂演化課程就是要學會真正地認識自我，同時釐清自己的核心價值觀。

北交點在天蠍座

如果你的北交點在天蠍座，你正在學習如何建立與他人之前的深度連結，並放下對於物質財產的依賴心。

前往天蠍座守護星冥王星的薩滿旅程

在這個練習當中，你將透過薩滿旅程前往一個非日常的世界，也就是上界。這跟冥想有點類似，但是你能主動提問，尋求指引與解答。薩滿旅程是一種神奇的方式，讓你得到生命中的助力支援。從事薩滿旅程的頻率依你自己而定。

首先在YouTube或者其他類似網站上搜尋「薩滿鼓聲」(Shamanic Drumming)，從中選一首，長度十到十五分鐘（我自己尤其喜歡Shamanic Experience還有Sandra Ingeman製作的）。一開始可以嘗試兩三首，找出自己最喜歡的。用耳機或者放大音量的效果最好。先讓自己處於舒適放鬆的狀態，然後按下播放鍵。

你可以躺在舒服的毛毯上，或者兩腳平放在地、採取舒適的坐姿。然後開始播放音樂，閉上雙眼。

想像自己身處某個出發地。我的出發地是一片草原，你的出發地可能是沙灘、山間、森林等等任何地方，無論眼前浮現什麼樣的地點，都不要懷疑。

想像自己身處其中，然後看看四周，有沒有一個靈性嚮導（通常是動物或者其他同伴，可能是神話裡的生物，甚至植物、樹木）。邀請你的靈性嚮導與你一起踏上旅程。接下來，找出通往上界的道路，可能是梯子、階梯、豆莖，或者你乾脆直接飛行。無論是哪種通路，都不要懷疑。

現在想像你前往冥王星，天蠍座的守護星。記住途中發生的每一件事情。與冥王星對話，提出問題。

在你的星盤上與冥王星及天蠍座有關的領域裡，冥王星能夠如何幫助你呢？

冥王星與天蠍座能夠如何幫助你自我成長呢？

關於前一個問題，冥王星可能會建議你，如何學習放下自己內在的執迷、實際去創造新事物；關於第二個問題，冥王星會建議你如何培養耐性。要記住的是，這段對話的中心思想是，你正在尋求最適合自己的方式、發展自己的能量。

對話結束之後，要向冥王星道謝，然後循來時路回到出發地。準備好，睜開眼，把這段旅程記錄在筆記本上。

天蠍座的宮位

天蠍座會為所在的宮位帶來更深的洞見,對於該宮位所代表的人生領域,你顯得異常偏執而且充滿研究精神。這領域的事物會吸引你投入、鑽研。要注意你可能會太過執迷、花太多心力在他人的事務上。

天蠍座在第一宮

如果你的天蠍座在第一宮宮頭或者第一宮裡,你的魅力與風采猶如磁力般吸引眾人。你極度重視精神與感情生活的隱私,這麼一來更增添了你對他人的吸引力。有些人可能會覺得這樣的特質太過強烈、令人緊張,但這不是你刻意表現的結果。你只是天生獨具這種威力與控制能力。

天蠍座在第二宮

如果你的天蠍座在第二宮宮頭或者第二宮裡,你有創造大量財富和轉化事物的能力。如果你釐清自己的核心價值,將注意力從他人的事業移轉到自己的事業上,那麼你能獲得很大的成功。

天蠍座在第三宮

第三宮掌管洞察力,如果你的天蠍座在第三宮宮頭或者第三宮裡,你的信念與看法堅定,甚至會太過固執。你往往會執迷於自己的研究,發揮天蠍不斷鑽研、直抵核心的力道。你的表達可能會有獨裁的傾向,要注意的是,有些人並不吃這一套。

天蠍座在第四宮

如果你的天蠍座在第四宮宮頭或者第四宮裡，住家與家人最能讓你放下心防。只要你允許對方進入你的家庭與精神生活，就能享受真正的親密關係。你忠誠地照顧和保護自己的家人，不過由於有「控制狂」的傾向，可能會強迫別人按照自己的意願行事。

天蠍座在第五宮

如果你的天蠍座在第五宮宮頭或者第五宮裡，你的嗜好必須能夠滿足自己執迷、總愛追根究柢，不真正鑽研到核心就不罷休的欲望。要注意，你可能會過度保護自己的孩子，或者成為控制狂父母。對自己的戀愛對象也可能會是如此。

天蠍座在第六宮

如果你的天蠍座在第六宮宮頭或者第六宮裡，你對於工作與例行事項會有很高的要求，如果同事的專注程度不及你，他們往往會因為無暇應付你的控制欲，而感到非常疲累。因此需要獨立作業的工作，如科學研究等可能會吸引你。

天蠍座在第七宮

天蠍座在第七宮宮頭或者第七宮裡，你看上的伴侶不會輕易被你的濃烈感情所征服，不過對方也一樣無法控制你。你尋求的是深刻結合的親密關係，但是必須學著以對等的態度看待對方，幸運的是，你的忠誠讓你能夠做到這一點。

天蠍座在第八宮

天蠍座掌管第八宮，如果你的天蠍座在第八宮宮頭或者第八宮裡，那麼天蠍的強烈特質會加倍。這個宮位會全然投入和第八宮相關的所有事物，比如深層心理學、合夥財務。你要提防和親密的朋友、親人、相處對象可能會發生的權力鬥爭。你也許具有心靈超能力，與超自然世界有強烈連結。

天蠍座在第九宮

如果你的天蠍座在第九宮宮頭或者第九宮裡，你會特別關注信仰系統中的權力結構。你對於幽暗禁忌的世界很感興趣，而且很注意這類事物能夠如何促使人類自我與超自然世界融合。

天蠍座在第十宮

天蠍座在第十宮宮頭或者第十宮裡，表示你會為了達成理想中的社會形象與角色全力奉獻。你在眾人眼中是專注、可靠的。要注意你的深層情感可能會阻礙你達到成功，你必須找到適當的方式來表達內在的深層情感。能夠吸引你的事業類型是治療或者財務方面的工作，在這些方面幫助他人轉化／轉型。

天蠍座在第十一宮

如果你的天蠍座在第十一宮宮頭或者第十一宮裡，你擇友謹慎，而且非常忠誠。你容易被可靠強大、與你一樣具有意志力，以及喜愛鑽研深度事物的人所吸引。你會忠於自己立定的目標，並驅策自己付諸實踐。

天蠍座在第十二宮

天蠍座掌管深層精神領域，而第十二宮代表集體無意識、與靈感及神祕事物的連結，如果你的天秤座在第十二宮宮頭或者第十二宮裡，你與集體無意識的連結極深，幾乎能與精神世界融為一體。你的直覺極強，超自然能力敏銳，而且性格非常內向，深藏不露。

天蠍座個案研究

李察的出生星盤有如下落點：

- 太陽天蠍在第二宮
- 月亮射手在第三宮
- 上升點天秤

在這個案例裡，我們要看的是太陽、月亮、上升點。在213頁附錄A的案例則會整合星盤上的其他元素。

李察面臨的問題是，有時候人們認為他囂張跋扈（上升天秤）、教條主義（月亮射手第三宮），而他希望能夠找出原因，讓自己更平易近人。他研究了自己的出生星盤之後，確認自己樂於為他人做金錢規劃（太陽第二宮），是學生，同時也是老師（月亮射手第三宮），並且是一個調停者（上升天秤）。由於有月亮射手第三宮以及上升天秤，比起其他行星落於天蠍，太陽天蠍更能順暢地與他人交流。

李察的星盤建議他學著在開口說教之前先數到三，並且自問：「這句話對每個人都適用嗎？」這讓他更能傾聽他人的意見，接納新的資訊。上升天秤經常被誤會為愛挑釁他人，李察了解了自己的星盤之後，就能注意自己到底是在反駁他人，還是在試圖用溝通的方式達到真正的平衡。

天蠍座的靈魂

任何一個太陽星座的人格與行為，都受到出生星盤上其他落點與相位的影響。想要全盤描繪出個人藍圖上的可能與潛力，就必須融合所有行星、宮位、相位以及行運。

如果你的太陽星座是天蠍座，那麼你跟其他太陽天蠍的人會有共通之處，但是你依然是獨一無二的你。比如說，太陽天蠍與上升射手，比起太陽天蠍與上升巨

天蠍座紓解情感的策略

天蠍座不擅表達自己的情感，因為他們的情感幽深，很難訴諸言語。以下策略可以幫助你與自己的情感建立連結，並且學著表達。

1. 每天手寫三頁意識流寫作，這樣可以幫助你抒發洶湧的內在情緒。這是抒發情感的練習，並不是要給別人看的，所以語句是否合理都無所謂。不過如果你擔心有人看見——天蠍座非常可能擔心這件事——那麼就用一本帶鎖的筆記本，藏在安全的地方。

2. 找一個舒適的坐姿坐好，雙腳踩地，閉上眼睛。想像你的脊椎底部長出一條樹根，漸漸往下延伸，深入大地，然後展開，最後把你與大地的中心連在一起。感受自己沿著根系，把大地的能量往上拉，進入自己體內，直到能量充滿你的全身，然後再讓能量往上走，穿過頭頂，與你的精神相繫。繼續讓能量在你體內流動，直到你感覺自己與外在物質世界、大地、精神合一。這樣能讓困在你體內的情感自由流動。

3. 只要你感到自己有一絲怒氣的徵兆，就馬上暫停一切。停下之後，先吸一口氣，如果可以的話，離開現場。如果能以健康的方式引導憤怒，它就會轉化為能量，但是天蠍座的憤怒是本能的反應，而且是痛苦的，經常使得雙方兩敗俱傷。讓自己暫停一下，就能稍微緩和自己的憤怒。

蟹，前者比較外向而且自在，後者則是雙倍的內斂與內向。又比如太陽天蠍搭配月亮金牛，比起太陽天蠍搭配月亮雙魚，前者更有存在感，更能與現實世界互動；後者直覺強或有獨特的感應能力，不食人間煙火。

以下幾件事必須加以考慮，這樣可以幫助你在人生的不同領域發揮天蠍能量。首先要記住的是，這是你靈魂的自主選擇，好讓你在這些領域更加深思熟慮、可靠、穩當。你可以選擇徹底發揮天蠍座正面特質。

一般性的個人發展

天蠍座最大的難題就是天性中的執著，但這可以控制。如果把執著應用在創造有意義的事物上，天蠍就可以感到滿足。當你把這種能量投注在具有建設性的事物上，就能看到它的益處。

親密關係／人際關係

天蠍座的對宮是金牛座，金牛座特質與身體及大自然息息相關。如果天蠍座能學習具體表達自己的感受，找機會接近大自然，就不會感到緊緊自縛。這並不是要你完全變成金牛，而是當你與人交往的時候融合一些金牛的特質，這樣有助於建立更完滿的關係。

達成目標

天蠍座是水象固定星座，通常能堅持目標，努力完成——若在完成目標之後，如果可以往後退一步、不再執著於更加深入，那麼一切就沒有問題。當你達成目標，退後一步，吸一口氣，欣賞你的成果。

事業

想要完整分析哪一種事業適合你，必須考慮第十宮宮頭(天頂)，第十宮星座的守護星，以及第十宮裡的行星。比如說，如果太陽天蠍搭配第十宮宮頭雙子座、水星(掌管雙子座)在第九宮，則此人適合接觸哲學或異國文化(水星第九宮代表異國文化與哲學)、(太陽天蠍代表深刻)教學或者寫作(雙子第十宮代表教學與寫作)。

冥王星與天蠍座的筆記練習

手邊準備好你的筆記本，選一個安靜的時間與地點，來看看你的出生星盤。先看冥王星與天蠍座。看冥王星落入的星座，還有冥王星與天蠍座的宮位。參考137頁的天蠍座宮位，也能大概知道冥王星在各宮位的情況。

把本書裡以及你從薩滿冥王星旅程得到的關鍵字詞寫在筆記本裡。思考自己在人生中以什麼方式展現這些能量，並且思考自己如何有意識地選擇發展這些能量，而非只是對外界做出反應。比如說，如果你的冥王星或者天蠍座在第十宮，你可能會發現自己善於分析他人的內在世界，擁有幫助他人蛻變的天賦。透過練習，你可能會選擇參加心理諮詢課程，甚至研究薩滿。把你的想法寫在筆記本裡。

透過筆記練習以及薩滿冥王星旅程，你就可以真正了解自己星盤上的能量，選擇在人生中如何有效的發揮與體現。

第十一章

射手座：弓箭手

真理使你自由，不過首先，真理會讓你非常不爽。

—— 喬・克拉斯，《通往快樂的十二步》

日期：十一月二十三日～十二月二十一日，頭尾日期視當年星曆而定。

元素	分類	守護星	掌管宮位
火	變動星座	木星	第九宮

射手座是火象變動星座，由木星掌管。它是黃道第九宮，在這裡，我們與高層次的信念及智慧融合。

射手座的象徵是弓箭手——一位半人（上半身）半馬（下半身）的山度爾，手中弓箭往上瞄準了穹蒼與未來。弓箭手象徵著射手座一直在尋找真理、自由、知識、新的經歷。山度爾一族的神話故事眾多，起源不明，不過一般而言，人們認為山杜爾族擁有高度智慧（觀星、天文、教學以及治療），同時也具有狂放甚至野蠻的傾向。這些也是射手座的特質——他是十二星座中最睿智也最極端的星座。

射手座樂觀熱心，總是如野火一般四處游移，蹦蹦跳跳，很快就能投入新的領域。他們視生活為一場探索願景的冒險，不喜歡例行公事以及常規限制。他們是理想主義者，因此也經常被理想的信念所蒙蔽——直到看穿真相，再轉移到下一個理想。

在許多方面,「過分」這個詞都很適合套用在射手座身上。過分理想化、過分熱心、過分誠實(直率)。他們的幽默感往往能讓他們僥倖地全身而退,但無論開了什麼玩笑,他們都並無惡意。射手的理想主義以信念為基礎,而且是行動派,由於缺少謹慎與判斷,所以經常面臨很大的風險。比如,若太陽射手在第十宮,在事業上免不了會有幾次改換,甚至會同時進行好幾種不同的人生目標,因為他們不喜歡被局限在一處。

在無意識的狀態下,射手座可能會傾向教條主義,並且自認為正義,他們會激昂捍衛當前自己認定的「真理」,但是對於一直在尋求真理與答案的射手座來說,這是很反諷的一件事。透過覺悟與自知,射手座可以進行更深刻的辯證,對於他人的質疑也不再如此防備。

現在你已經大致了解射手座能量。接下來我們要研究各行星、各宮位落在射手座的表現。準備好你的出生盤,看看你有哪些行星在射手座,以及這些行星的宮位。接著找出這三者(行星、星座、宮位)對你有意義的關鍵字詞,就可以結合解釋這些能量,解釋的時候,你可以把關鍵字詞代換成自己選擇的同義字。列出這些資料,你就有了一幅意義清晰的全景,能夠進一步深入了解射手能量在你身上如何展現。真正的自知與選擇,就從此而來。有了這些知識護身,你就能夠選擇如何使用射手的能量,如何反應、如何行動,以及在這個世界上如何展現你的射手特質。

行星在射手座

這一節簡要敘述各行星位於射手座的情況。在此我要提醒你,不要把這些敘述當作絕對的定義,而是要把它們當作跳板,想出意義相近的詮釋,嘗試解讀自己的星盤。這一章裡的描述及練習可以強化你的解盤技巧,用以描述射手能量與行星在你身上展現的情況。

月亮在射手座

月亮代表你的情感。月亮射手座是黃道裡最快樂的一個落點。擁有這個落點的人非常熱心、喜歡追根究柢，只要沒受到限制，就會充滿了冒險精神。在黃道星座裡，月亮射手情感豐富，遊歷四方，對這個世界充滿欣賞讚嘆。他們不停追索更高的真理與新經歷，永遠在拓展眼界，尋找新的地平線。如果你有這個落點，你非常真誠，任何時刻都會直言不諱地發表自己的所思所感。

水星在射手座

水星代表交流與思緒，落在射手座，將會無窮追索知識與拓展心靈的疆界。在思考與教學方面，他們注重整體，也就是說有時候會遺漏細節，或者根本不重視細節。在他們分享自己的思想時，可能會有點說教的意味。如果你的水星在射手座，要留意以上這些傾向，這樣能幫助你和緩這種傾向，進而讓他人更願意聽你分享你的想法與領悟。

金星在射手座

金星代表愛、親密關係、樂趣、創造力，以及我們對於人生中物質與享樂的價值觀。只要伴侶和朋友不限制金星射手的個人自由，他們相處起來就會十分有趣熱情。他們的親密關係是比較輕快的，同時也含有智性的交流。如果你的金星在射手座，你在金錢方面也會有像金星一樣的輕快風格——也就是並不善於理財，必須注意開源節流。

火星在射手座

火星代表你的意志、動力、精力。火星在射手座很直接，受有趣的事物吸引，隨心而動，並喜歡拉著別人同行。他們不喜歡別人不照他們的想法行動，不喜歡別人戳穿他們的願景，如果你和他唱反調，他會認為你是在針對他個人。有這個落點的人精力十足，想盡可能體驗一切，甚至會鋌而走險。

木星在射手座

木星代表擴張、信仰、真理、自由，但是也代表浮誇。木星落在本身守護的射手座，可說是黃道裡最幸運的一個位置，無論落在哪一個宮位，都會是該領域最熱切的追尋者。木星射手溫暖外向，樂於探索每一樣事物。由於你擁有上述的天性且博學多聞，有些人可能會覺得你自以為是萬事通，這是唯一需要注意的地方。

土星在射手座

土星代表技藝精湛、決心、紀律。土星射手對於學術與旅行的態度嚴肅，並且相信在自己選擇的領域裡，努力是成功的要素。但他們始終恐懼自己有所不足，所以會更努力以求證明自己的能力。如果你有這個落點，請嘗試超越內在的懼怕，以你的努力，在任何領域都能成為真正的權威人士。

天王星在射手座

天王星代表獨立、不可預測、打破常規。如果你的天王星在射手，你的性格很可能突破傳統，甚至被人認為「古怪」——但你還真有些古怪。你對於未來有真正的遠見，具備創新的想像力，以及近似先知的預感。你自行其是，不願走入傳統的學術領域，除非你能打破成規，再創新局。

海王星在射手座

海王星代表靈感、幻想、心靈上的敏感、療癒、無序。海王射手的直覺強，有強大的感應能力。與宗教信仰有關的事物都能引起他們的興趣，而且他們的潛意識與集體無意識十分協調一致。這個落點崇尚烏托邦，可能會盲目、狂熱地信奉某位偽宗教心靈大師，遭受欺騙而渾然不知。請仔細觀察你追隨的導師型人物。

冥王星在射手座

冥王星代表靈魂，或者靈魂的渴望。冥王星在每個星座會停留大約二十年，因此這個強大的矮行星造成的影響是關乎整個世代的，也就是說，出生在這個世代裡的每個人，冥王所在星座都一樣。因此必須結合世代意義與你個人的冥王宮位，才能看清你的宇宙藍圖。

冥王星從1995年到2008年停留在射手座，下一次回到射手座是在2243年。冥王射手這一代人能夠包容、轉變我們看待他人的方式，並且對於教育改革以及旅行有極大的興趣。他們對於未來的願景和前人頗為不同。莫札特，法國末代皇后瑪麗‧安東尼，英國畫家兼作家威廉‧布萊克，諾貝爾和平獎得主瑪拉拉‧優素福札伊，都是冥王射手。

南交點在射手座

如果你的南交點在射手座，那麼你靈魂的本能習慣是總要他人認為你事事正確。對你來說，你的真理才是真理，而且很難慢下來傾聽他人。

北交點在射手座

如果你的北交點在射手座，在這一世裡，你正在學著不要為了證明真理而不斷接收更多的訊息，而是要進入自己的直覺領域，從更高的精神層次表達所思所感。

射手的宮位

射手座會為所在的宮位帶來更深的洞見，對於該宮位所代表的人生領域，你樂觀而熱情。這方面的事物會自然地吸引你去尋求意義與真理。

前往射手座守護星木星的薩滿旅程

在這個練習當中，你將透過薩滿旅程前往一個非日常的世界，也就是上界。這跟冥想有點類似，但是你能主動提問，尋求指引與解答。薩滿旅程是一種神奇的方式，讓你得到生命中的助力支援。從事薩滿旅程的頻率依你自己而定。

首先在YouTube或者其他類似網站上搜尋「薩滿鼓聲」(Shamanic Drumming)，從中選一首，長度十到十五分鐘(我自己尤其喜歡Shamanic Experience還有Sandra Ingeman製作的)。一開始可以嘗試兩三首，找出自己最喜歡的。用耳機或者放大音量的效果最好。先讓自己處於舒適放鬆的狀態，然後按下播放鍵。

你可以躺在舒服的毛毯上，或者兩腳平放在地、採取舒適的坐姿。然後開始播放音樂，閉上雙眼。

想像自己身處某個出發地。我的出發地是一片草原，你的出發地可能是沙灘、山間、森林等等任何地方，無論眼前浮現什麼樣的地點，都不要懷疑。

想像自己身處其中，然後看看四周，有沒有一個靈性嚮導(通常是動物或者其他同伴，可能是神話裡的生物，甚至植物、樹木)。邀請你的靈性嚮導與你一起踏上旅程。接下來，找出通往上界的道路，可能是梯子、階梯、豆莖，或者你乾脆直接飛行。無論是哪種通路，都不要懷疑。

現在想像你前往木星，射手座的守護星。記住途中發生的每一件事情。與木星對話，提出問題。

在你的星盤上與木星及射手座有關的領域裡，木星能夠如何幫助你呢？

木星與射手座能夠如何幫助你自我成長呢？

木星可能會建議你，學著少說教、多傾聽。要記住，這段對話的中心思想是，你正在尋求最適合自己的方式、發展自己的能量。

對話結束之後，要向木星道謝，然後循來時路回到出發地。準備好，睜開眼，把這段旅程記錄在筆記本上。

射手座在第一宮

如果你的射手座在第一宮宮頭或者第一宮裡，人們眼中的你樂觀、愛玩、慷慨。你總是一直在探索、體驗新的經驗。你的樂觀幫助人們以更正面的角度看待世界，大家都信任你的真誠。

射手座在第二宮

如果你的射手座在第二宮宮頭或者第二宮裡，你的自尊並非來自累積的金錢，而是因為你擁有自由、能夠透過體驗去探索世界。但你的確有能力在財務方面做長期思考與預先計畫，然後開心、慷慨地與大家分享所得。旅行、教學，從事異國文化相關工作，這些都是能讓你獲利的領域，不過更重要的是，這些領域給予你生命的意義。

射手座在第三宮

如果你的射手座在第三宮宮頭或者第三宮裡，你會持續拓展自己的知識觸角，你是個勤奮不懈的學生，總是在研究或者上課。你的心靈需要不停的挑戰與刺激，不過你可能會不斷學習，但缺乏應用的機會。你也是熱切真誠的溝通者，總是直抒胸臆。

射手座在第四宮

如果你的射手座在第四宮宮頭或者第四宮裡，你的住家必須非常寬敞，大窗戶透進大量的自然光，彷彿能把戶外帶進室內。對你而言家人很重要，你需要自由，也會盡力讓他們感受到同等的自由。

射手座在第五宮

如果你的射手座在第五宮宮頭或者第五宮裡，你喜歡具有冒險性的休閒活動，這能夠給予你新的體驗與學習動機。你喜歡自由自在做自己的事，所以嚴謹的行事曆或靜態活動並不適合你。你具有獨創性、不怕冒險，而且非常風趣，不過對自己的孩子期望很高。

射手座在第六宮

如果你的射手座在第六宮宮頭或者第六宮裡，你能夠以出色的教學能力服務他人，而且還能為自己所處的職場帶來輕快氛圍。第六宮的穩定能量能給予射手座組織與規劃能力，六宮射手適合自由變動與日常規律並存的工作。

射手座在第七宮

射手座在第七宮宮頭或者第七宮裡，你會受到能給你足夠的自由、不會限制你的行為與想法，讓你自適發展的伴侶吸引。你需要在智性上與你並駕齊驅的伴侶，如果你感到受限或者無趣，就會提出分手。

射手座在第八宮

如果你的射手座在第八宮宮頭或者第八宮裡，你喜愛鑽研人類心理，尋求經驗與知識。眾人不敢涉足之處，你卻無畏深入，研究領域包含人們的激情、深層心理動機、性生活。你可能會繼承遺產，或者因為他人而得到財富。

射手座在第九宮

射手座守護第九宮，如果你的射手座在第九宮宮頭或者第九宮裡，會對尋求體驗與機會、學習文化、心理學與哲學信仰擁有極大的熱情。無論是心靈還是實際生活，你都不斷在旅行遷移。你是天生的導師，很可能會在各領域擔當教職。

射手座在第十宮

射手座在第十宮宮頭或者第十宮裡，表示你對於自己的人生使命抱持樂觀正面的態度，令人喜愛。因為你喜歡變化，你在一生當中可能更換過好幾次名片，甚至一人分飾多角。這些角色可能與旅行、寫作、教學有關，或者涉及外國文化。你非常享受自己在公眾之前的形象。

射手座在第十一宮

如果你的射手座在第十一宮宮頭或者第十一宮裡，你會有一大群來自不同背景與文化的知交。你會主動結交可以與你進行哲學思辨的朋友，並會發揮自己的教學能力，向世界傳達重大訊息，可能透過人與人之間的實際交流，或者網際網路（這個方式對射手座而言特別理想，因為傳布得既遠且廣）。

射手座在第十二宮

第十二宮代表集體無意識、與靈感及神祕事物的連結，如果你的射手座在第十二宮宮頭或者第十二宮裡，你能夠讓他人理解這個宮位的混沌能量，能夠教導困難的概念。然而你要注意，在運用這些特質的時候，不要過分依賴思考。你必須讓你自己**感受**，體會創造性以及超驗狀態。

射手座個案研究

珍的出生星盤有以下落點：

- 太陽射手在第十二宮
- 月亮雙子在第六宮
- 上升點射手座

在這個案例裡，我們要看的是太陽、月亮、上升點。在213頁附錄A的案例則會整合星盤上的其他元素。

珍經常發現自己直言不諱、快言快語，讓別人很不高興，有些人覺得她總是在說教。研究了自己的星盤之後，她確認自己具有能清楚闡述神祕事物的教學能力（太陽第十二宮），也在學習如何服務他人、整理他人的邏輯（月亮雙子第六宮），而且給人的印象是愉悅樂觀、充滿趣味的（上升射手）。受到月亮雙子在第六宮，以及上升射手的影響，原本內向而直覺敏銳的第十二宮太陽會較為外向。

珍的星盤建議她運用以上這些自我認知，要明白並不是所有人都能夠接受自己的處世方式。她應該學習一些簡單的技巧，比如在開口說話之前先數到三，要寄出電郵以及發布、回覆貼文時也是如此。這樣能給她一些時間，檢查自己要說出口的話是否太直接或不夠體貼。

射手座的靈魂

任何一個太陽星座的人格與行為，都受到出生星盤上其他落點與相位的影響。想要全盤描繪出個人藍圖上的可能與潛力，就必須融合所有行星、宮位、相位以及行運。

如果你的太陽星座是射手座，那麼你跟其他太陽射手的人會有共通之處，但是你依然是獨一無二的你。比如說，太陽射手與上升巨蟹，比起太陽射手與上升雙子，前者在初識時比較害羞，熟識之後才會慢慢展露自己，後者則是超級話匣子又不會察言觀色，但都是求知若渴的學生。又比如太陽射手搭配月亮牡羊，比起太陽射手搭配月亮摩羯，前者非常有趣，具有「A型人格（喜歡競爭、趕時間、攻擊性強）」特點，脾氣來得快去得快，而後者情緒穩定得多。

以下幾件事必須加以考慮，這樣可以幫助你在人生的不同領域發揮射手能量。首先要記住的是，這是你靈魂的自主選擇，好讓你在這些領域更獨立、更能親身去體驗。你可以選擇徹底發揮射手座的正面特質。

一般性個人發展

射手座最大的缺點就是不會察言觀色。學著在開口說話或者提問之前暫停一下，不要直接說教或者不經大腦就開口。這一刻暫停的時間能幫助你修飾自己的措辭。

射手座培養耐性的策略

大家都知道，射手座的出發點通常是善良的，但是他們常犯說話不得體的大忌，一不小心就造成尷尬的局面。射手的動作迅速，所以很難集中精神注意他人的談話內容與肢體語言。以下策略可以幫助你慢下來。

1. 發展主動聆聽的技巧，這樣你就能與人正常交談，而不至於突然驚嚇對方。實際做法是在心裡模仿對方，也就是放慢自己，注意對方的肢體語言，在心裡複誦對方說的話，這樣能喚醒你的同理心。

2. 對於快飛快走的射手座來說，冥想很困難，因為射手根本不喜歡靜坐，但是也正因為如此，冥想才更重要。首先採取舒適的坐姿，注意自己的呼吸，一面呼吸一面對自己說：「吸氣，呼氣。」試著不要去想任何事。你無法擺脫所有思緒，尤其是剛開始練習的時候，不過你還是會發現，專注於呼吸能夠減少思緒的阻礙，讓你更寧靜。每天做十到十五分鐘。

3. 多散步。散步能讓大腦的邊緣系統（腦部結構的一部分，支援多種功能，包括情緒、行為、長期記憶）平靜，而且能讓你暫時遠離他人與日常生活環境，以釐清心頭的各種思緒。每天散步一次，能讓你在人生道路上走得更遠。

親密關係／人際關係

射手座的對宮是雙子座，雙子是與心智及認知有關的星座。如果射手座可以學習傾聽與感知他人的想法會受益無窮。這並不是要你完全變成雙子，而是當你與人交往的時候，融合一些雙子的特質，這樣有助於建立更和諧的關係。

達成目標

射手座是火象變動星座,所以很容易就能立下充滿野心而且大膽的目標,問題是很難堅持完成。你必須為自己找到一些助力,讓你朝著目標前進,直到實現。

事業

想要完整分析哪一種事業適合你,必須考慮第十宮宮頭(天頂),第十宮星座的守護星,以及第十宮裡的行星。比如說,如果太陽射手搭配第十宮宮頭天蠍、冥王(掌管天蠍座)在第三宮,則此人適合治療或研究性質的職位(天蠍第十宮),並且從事工作領域相關的教學或者寫作(冥王第三宮與太陽射手)。

156

木星與射手座的筆記練習

手邊準備好你的筆記本，選一個安靜的時間與地點，來看看你的出生星盤。先看木星與射手座。看木星落入的星座，還有木星與射手座的宮位。參考149頁的射手座宮位，也能大概知道木星在各宮位的情況。

把本書裡以及你從薩滿木星旅程得到的關鍵字詞寫在筆記本裡。思考自己在人生中以什麼方式展現這些能量，並且詢問自己如何有意識地選擇發展這些能量，而非只是對外界做出反應。比如說，如果你的木星或者射手座在第六宮，你可能會發現自己正在勉強重複一成不變的生活，導致你的木星能量受到扼殺。透過思考與覺悟，你可能會不時改變你的生活目標，讓自己保有彈性。把你的想法寫在筆記本裡。

透過筆記練習以及薩滿木星旅程，你就可以真正了解自己星盤上的能量，選擇在人生中如何有效的發揮與體現。

第十二章

摩羯座：海中山羊

這件事花了我一輩子的時間。

—— 帕布羅．畢卡索

日期：十二月二十二日～一月十九日，頭尾日期視當年星曆而定。

元素	分類	守護星	掌管宮位
土	開創星座	土星	第十宮

摩羯座是土象開創星座，由土星掌管。它是黃道第十宮，在這個位置，我們融入公共舞台，與大眾互動。

摩羯座的象徵是海中山羊——長著魚尾的山羊，代表著一種矛盾的性質，但是我們觀察摩羯座的時候經常忽略。山羊這種動物腳步穩健，喜歡站在高處，永遠在尋找新的制高點。牠教導我們如何信任自己的能力、腳踏實地。高山山羊的角——就是摩羯座圖形裡的那個V——指向未來，同時也反映出摩羯座有條有理的特性。摩羯座富有直覺的一面，就由摩羯座圖形裡那條蜷曲的魚尾（連在象徵羊角的V下方）表徵。

摩羯座實際、堅毅、有決心、野心、耐心、忠誠而敏感。摩羯看來強壯、自律、自制——永遠是權威人物，把守著界線與原則，但總是隱隱恐懼自己有所不足。

而魚尾象徵了水象的敏感，因此摩羯座是尊重各方、能為各方考慮的群體倫理代表人物。水象能量也為他們增添了自持與內向的天性——摩羯做的決定永遠是保守而正確的，可說是最受人尊重的星座。

年輕的摩羯看起來嚴肅僵化，但隨著時間流逝與自身逐漸成熟，對於該做的事已臻嫻熟，就會逐漸軟化。比起年輕的摩羯，上了年紀的摩羯可能會相當淘氣，也不那麼有距離。比如，太陽摩羯第一宮的人，是非常自持甚至剛直的。他們很關切自己的外在成就，需要不斷向世界(以及自己)證明自己，但是隨著年紀漸長，這種驅動力就會放鬆。

在無意識的狀態下，摩羯能量可能會強化人的控制欲和獨裁傾向。透過了解與覺悟，摩羯可以選擇減輕控制的力道，稍微從容輕快一點。

現在你已經大致了解摩羯能量。接下來我們要研究各行星、各宮位落在摩羯座的表現。準備好你的出生盤，看看你有哪些行星在摩羯座，以及這些行星的宮位。接著找出這三者(行星、星座、宮位)對你有意義的關鍵字詞，就可以結合解釋這些能量，解釋的時候，你可以把關鍵字詞代換成自己選擇的同義字。列出這些資料，你就有了一幅意義清晰的全景，能夠進一步深入了解摩羯能量在你身上如何展現。真正的自知與選擇，就從此而來。有了這些知識護身，你就能夠選擇如何使用摩羯的能量，如何反應、如何行動，以及在這個世界上如何展現摩羯特質。

行星在摩羯座

這一節簡要敘述各行星位於摩羯座的情況。在此我要提醒你，不要把這些敘述當作絕對的定義，而是要把它們當作跳板，想出意義相近的詮釋，嘗試解讀自己的星盤。這一章裡的描述及練習可以強化你的解盤技巧，用以描述摩羯能量與行星在你身上展現的情況。

月亮在摩羯座

月亮代表你的情感，落在摩羯座，你會追求穩定的感情，但這可能會讓你顯得有一點冷酷，因為你不喜歡被捲入情緒化的狗血連戲劇。你非常謹慎不讓自己陷入依戀，不過對方一旦贏得你的信任，你就會很忠誠。你會用外在的肯定來證明自己的成就，必須擺脫這種傾向，才能更打從心底肯定自我。

水星在摩羯座

水星代表交流與思緒，落在摩羯座，你的思考邏輯嚴謹且實際，記憶力強，能夠長時間維持專注。缺乏物質成就會讓你擔心，因為你喜歡穩定與安全感。拓展摩羯能量裡敏感的一面，這樣可以讓你的心緒輕快一點，也更能對別人有同理心。

金星在摩羯座

金星代表愛、親密關係、樂趣、創造力，以及我們對於人生中物質與享樂的價值觀。金星摩羯需要可靠、忠誠、有野心的伴侶。如果你有這個落點，會喜歡比較古板嚴肅的人。傳統、能夠長久存在的藝術型態以及創造財富的方式都能夠吸引你。你對工作有很強的使命感。

火星在摩羯座

火星代表你的意志力、動力、精力。火星摩羯意志堅定，極有耐心，這是一個強大的組合，不過也令人望而生畏。火星展開新計畫的動力，加上摩羯堅持不懈的決心，會讓人沉浸在目標之中，樂此不疲。地位、權力與財富吸引著你，不過最重要的是，你渴望自己的名聲能永垂不朽。

161

木星在摩羯座

木星代表擴張、信仰、真理、自由,但是也代表浮誇。木星摩羯對自己有極大的信心,並且確實有與自信匹配的能力。由於天生的正直與可靠,能為你在任何自己選擇的領域裡都招來好運。木星摩羯結合了穩定、樂觀與耐性,是最令人欽羨的落點之一。

土星在摩羯座

土星代表精通技藝、決心、紀律。土星掌管摩羯座,因此這是相當強大的落點,會讓你非常勤奮,全心投入專注的領域,很難放慢腳步輕鬆下來。你生來就有能力在團隊中擔任領導者,因為這樣就能夠控制每一件事。土星強化了摩羯的領導力和事業格局,但也放大摩羯座敏感擔憂的一面。所以要注意自己是否因為這種恐懼而更加投入鬥爭、爭奪主控權。

天王星在摩羯座

天王星代表獨立、不可預測、打破常規,而摩羯座保守,在意規則與界限,所以這兩者的組合雖然矛盾,但非常有趣與成功。天王星激發創新與發明,摩羯座朝著目標努力,而摩羯的務實也補足了天王欠缺的外交手腕。

海王星在摩羯座

海王星代表靈感、幻想、心靈上的敏感、療癒、無序。海王摩羯是實際的理想主義者,能夠踏穩每一步,把預見的想法付諸實現。如果你有這個落點,就能把一切夢想轉變成實際行動。但是要注意,你習慣單打獨鬥,如果事情發展不如你預期,你可能會抑鬱不滿。要留意心理的健康狀態,在必要時尋求協助。

冥王星在摩羯座

冥王星代表靈魂，或者靈魂的渴望。冥王星在每個星座會停留大約二十年，因此這個強大的矮行星造成的影響是關乎整個世代的，也就是說，出生在這個世代裡的每個人，冥王所在星座都一樣。因此必須結合世代意義與你個人的冥王宮位，才能看清你個人的宇宙藍圖。

本書出版的時候，冥王星正好在摩羯座，這一時期始自2008年，持續到2024年，下一次回到摩羯座是在2256年。這一代人生來就是要轉變權力制度以及權力所在的位置。因為摩羯是保守的，所以一開始內在會抗拒轉變，但是冥王能夠深掘出腐朽的部分，迫使這一代轉化。拿破崙、貝多芬、美國第七任總統安德魯‧傑克遜，都是冥王摩羯。

南交點在摩羯座

如果你的南交點在摩羯座，那麼你前世致力控制一切事物與所有人，而你今生正在學著放下這種習性。你的演化課題是發展同理心、學會傾聽，並對他人施以援手。

北交點在摩羯座

如果你的北交點在摩羯座，你正在學習獨立與自尊的重要性，你正在練習成為自己的主人，而非倚賴他人的權威。換句話說，這輩子你力圖掌握自己的人生。

前往摩羯座守護星土星的薩滿旅程

在這個練習當中，你將透過薩滿旅程前往一個非日常的世界，也就是上界。這跟冥想有點類似，但是你能主動提問，尋求指引與解答。薩滿旅程是一種神奇的方式，讓你得到生命中的助力支援。從事薩滿旅程的頻率依你自己而定。首先在YouTube或者其他類似網站上搜尋「薩滿鼓聲」(Shamanic Drumming)，從中選一首，長度十到十五分鐘（我自己尤其喜歡Shamanic Experience 還有Sandra Ingeman製作的）。一開始可以嘗試兩三首，找出自己最喜歡的。用耳機或者放大音量的效果最好。先讓自己處於舒適放鬆的狀態，然後按下播放鍵。

你可以躺在舒服的毛毯上，或者兩腳平放在地、採取舒適的坐姿。然後開始播放音樂，閉上雙眼。

想像自己身處某個出發地。我的出發地是一片草原，你的出發地可能是沙灘、山間、森林等等任何地方，無論眼前浮現什麼樣的地點，都不要懷疑。

想像自己身處其中，然後看看四周，有沒有一個靈性嚮導（通常是動物或者其他同伴，可能是神話裡的生物，甚至植物、樹木）。邀請你的靈性嚮導與你一起踏上旅程。接下來，找出通往上界的道路，可能是梯子、階梯、豆莖，或者你乾脆直接飛行。無論是哪種通路，都不要懷疑。

現在想像你前往土星，摩羯座的守護星。記住途中發生的每一件事情。與土星對話，提出問題。

在你的星盤上與土星及摩羯座有關的領域裡，土星能夠如何幫助你呢？

土星與摩羯座能夠如何幫助你自我成長呢？

關於前一個問題，土星可能會建議你，如何學習關注與表達自己的感受，坦承內在的不安全感。關於後一個問題，土星可能會建議你，如何學著不對他人妄下評斷，並試圖控制所有事。跟他人相較，你可能比較理性務實，而你可以學著理解他人的感性。要記住的是，這段對話的中心思想是，你正在尋求最適合自己的方式、發展自己的能量。

對話結束之後，要向土星道謝，然後循來時路回到出發地。準備好，睜開眼，把這段旅程記錄在筆記本上。

摩羯座的宮位

摩羯座會為所在的宮位帶來更深的洞見，對於該宮位所代表的人生方面，你會展現領導能力，而且是成為該領域的專家或權威。你很自然地受到該領域事物吸引，並且成為該領域裡規則的制訂者或者追隨者。但要注意你對於該領域也可能會因為恐懼而自我設限。

摩羯座在第一宮

如果你的摩羯座在第一宮宮頭或者第一宮裡，你外表嚴肅成熟，有責任感。初識時人們覺得你有點距離，甚至有些內向，這是因為你需要時間去了解這些人，才能放心讓他們看到你冷靜外表之下的真實性情。你的氣質堅定可靠，讓人們感覺能夠倚賴你的力量。

摩羯座在第二宮

如果你的摩羯座在第二宮宮頭或者第二宮裡，你能創造大量財富，尤其是在摩羯座相關的轉化領域裡，包括個人、財務、以及科學方面。如果你能釐清自己的核心價值，不要專注在他人的事業上，那麼你就能成就偉業。

摩羯座在第三宮

如果你的摩羯座在第三宮宮頭或者第三宮裡，你惜字如金，只喜歡說必要的話，所以看來沉默寡言。你是個認真的學生，會投入大量心力去學習並達成目標，只要你覺得自己已臻嫻熟，就能在選擇的領域裡成為權威人物。

摩羯座在第四宮

如果你的摩羯座在第四宮宮頭或者第四宮裡，你可能會很晚成家，而且你建立的家風相當保守，你是家中負起一切責任的管理者。因為你依賴傳統與規則，可能較難碰觸到自己最深的感受，不過一旦認清了內心，你就會學著設立自己的強大界限與規則。

摩羯座在第五宮

摩羯座在第五宮宮頭或者第五宮裡，不太容易放鬆享受生活，尤其是在年輕的時候，消遣嗜好都會與工作有關，世界幾乎圍繞著工作打轉。不過隨著年齡增長，你會因為在熟悉的領域裡遊刃有餘而放鬆心情，此時創造力反而更能夠開花結果。你是個嚴格的父母，對孩子的態度有如教官。

摩羯座在第六宮

如果你的摩羯座在第六宮宮頭或者第六宮裡，會在工作或者日常生活尋求成就感，這樣才不會覺得自己在浪費時間。你極端自律、勤奮，而且可能在職場裡很長時間一直都是這樣。你很適合到政府機構或者大企業裡工作。

摩羯座在第七宮

摩羯座在第七宮宮頭或者第七宮裡，那麼能夠吸引你的伴侶是穩重的、從不魯莽行事。你會成為對方可靠的夥伴，也期待對方這樣對你。你對於親密關係非常認真謹慎，所以要花比較長的時間擇定伴侶。

摩羯座在第八宮

如果你的摩羯座在第八宮宮頭或者第八宮裡，你在追索人生祕密與深層心理的真相時，會遵循傳統，偏好前人已經嘗試成功的路線，而非新的方式。你也偏好以穩健

方式運營財務，而且只有在這方面，摩羯才可能把一切交託給外在的權威，但這未必是件好事，你必須試著更信任自己，並且打開心胸面對新思想。

摩羯座在第九宮

如果你的摩羯座在第九宮宮頭或者第九宮裡，會對悠久的歷史和傳統信仰感興趣，或者你會遵守自己成長過程中接觸的傳統文化。你不太喜歡探險，旅行可能都是為了工作出差或者履行責任，會受自己熟知的歷史景點吸引。

摩羯座在第十宮

摩羯座掌管第十宮，如果你的摩羯座在第十宮宮頭或者第十宮裡，你非常專注於事業，可能是個工作狂。你可能會在公家機關或與年長者一起工作。摩羯座做事緩慢而穩定，在堅毅而且腳踏實地工作多年之後，能達到極大的成功。

摩羯座在第十一宮

如果你的摩羯座在第十一宮宮頭或者第十一宮裡，你會非常專注且努力地達成自己的目標與野心。你可能會從自己工作的組織裡選擇朋友，而且你們的友誼也非常制式化。對你而言，朋友還是老的好，情誼會隨年資增長，和你親近、感情深厚的，多半是多年的舊識。

摩羯座在第十二宮

摩羯座與心理的深層領域有關，而第十二宮代表集體無意識、與靈感及神祕事物的連結，如果你的摩羯座在第十二宮宮頭或者第十二宮裡，那麼即便你與無意識世界有所連結，也不會表現出來，因為大多數傳統保守的生活圈很難接受這種事。所以你可以說是一個在私底下直覺很強的人。你會以實際的方式運用你的直覺，卻不會洩漏出去。要注意這個落點會加強摩羯座敏感的一面，所以可能導致孤僻。

摩羯座個案研究

詹姆斯的出生星盤有以下落點：

- 太陽摩羯在第三宮
- 月亮牡羊在第六宮
- 上升點天蠍

在這個案例裡，我們要看的是太陽、月亮、上升點。在213頁附錄A的案例則會整合星盤上的其他元素。

詹姆斯有一種根深柢固的恐懼——怕自己不夠好，而且他發現自己經常以高高在上的姿態去控制他人，也藉由瘋狂工作來掩飾自己缺乏安全感。在研究了自己的出生星盤之後，他確認自己是一個具有權威的發言人（太陽第三宮），衝勁十足的工作狂與天生的領導者（月亮牡羊第六宮），給人的第一印象是沉默寡言但又極具威勢（上升天蠍）。月亮牡羊第六宮以及上升天蠍，鞏固了第三宮太陽的領導力——尤其是在商業領域。

詹姆斯的星盤建議他運用自覺，緩慢地朝上升天蠍的對宮金牛座移動，學著創造自信與自尊的基礎。金牛座非常實在，就像一棵大樹，所以詹姆斯可以冥想自己有如一棵老樹那樣根深入地，枝葉則伸展向其他人，這樣會有所幫助。

摩羯座的靈魂

任何一個太陽星座的人格與行為，都受到出生星盤上其他落點與相位的影響。想要全盤描繪出個人藍圖上的可能與潛力，就必須融合所有行星、宮位、相位以及行運。

如果你的太陽星座是摩羯座，那麼你跟其他太陽摩羯的人會有共通之處，但是你

摩羯座注意並確認自身情感的策略

因為天生自持、缺乏自信，摩羯座很難表達自己的情感。以下策略可以幫助你學著關注並且辨識自己的情感，進而以適合你的方式表達出來。

1. 每一天結束的時候，坐下來，在筆記本裡寫下今天你得到肯定的每一件事，無論大小。比如，可能是老闆說你某件事做得很好。你也可以把過去的事寫進來。如果一開始你想不出來要寫什麼，就寫下自己拿手的事、感到自豪的事。把這個當作建立自信的健身運動。隨著自信逐漸確立，你會發現你的恐懼減輕，更能夠表達那些比較脆弱的感受。

2. 你的耐心與穩定可靠的舉止使得你不時猶豫不前，這種猶豫幾乎已經成為你的第二天性。每當你無法下決定時，記住相信自己的直覺。情緒感受通常被視為一種直覺，所以如果你猶豫，你要問問自己有何感受，這樣就能把這種敏銳性帶進你與他人的互動之中。

3. 幫助流浪街友，或者其他需要協助的群體，這樣可以讓你在「工作」的同時，深化自己的情緒感受。一定要與你幫助的這些人有所互動——與他們聊天，而不要只是默默提供服務。

依然是獨一無二的你。比如說，太陽摩羯搭配上升雙魚，比起太陽摩羯搭配上升牡羊，前者非常內向害羞，後者則是天生的領導者。又比如太陽摩羯搭配月亮雙子，比起太陽摩羯搭配月亮處女，前者擅長社交與溝通，後者非常有條理，而且全心投入工作，簡直像是跟工作結了婚。

以下幾件事必須加以考慮，這樣可以幫助你在人生的不同領域發揮摩羯能量。首先要記住的是，這是你靈魂的自主選擇，好讓你在這些領域更加深思熟慮、可靠、穩當。你可以選擇徹底發揮摩羯座正面特質。

一般性個人發展

摩羯座最大的問題是自信、永遠都會擔心自己不夠好，這會讓他們更害羞，並且更難表達自己的情感。如果摩羯座可以隨時提醒自己已經夠好了，比如告訴自己「我做得很棒」，那麼會很有益處。要記住，一天只有24小時，你不必每件事都知道。

親密關係／人際關係

摩羯座的對宮是巨蟹座，巨蟹座代表母親、家、內在的情感生活。如果摩羯座能夠練習建立內在的安全感將會很有益。這並不是要你完全變成巨蟹，而是當你與人交往的時候，應該融合一些巨蟹的特質，這樣有助於建立更長遠的關係。

達成目標

摩羯座是開創土象星座，擅長設定目標，然後努力朝著完成計畫前進。開創星座要完成計畫通常比較難，對於摩羯座而言，妨礙他們達成目標的原因是內心害怕自己不夠好。要提醒自己，「完成」比「完美」更好，然後繼續前進。

事業

想要完整分析哪一種事業適合你，必須考慮第十宮宮頭(天頂)，第十宮星座的守護星，以及第十宮裡的行星。比如說，如果太陽摩羯搭配第十宮宮頭射手、木星(掌管射手座)在第二宮，則此人適合在商業領域(太陽摩羯)從事財務(木星第二宮)教學(射手第十宮)。射手在天頂也暗示了最適合此人的角色是需要經常變換的，而非固定在一處。

土星與摩羯座的筆記練習

手邊準備好你的筆記本，選一個安靜的時間與地點，來看看你的出生星盤。先看土星與摩羯座。看土星落入的星座，還有土星與摩羯座的宮位。參考165頁的摩羯座宮位，也能大概知道土星在各宮位的情況。

把本書裡以及你從薩滿土星旅程得到的關鍵字詞寫在筆記本裡。思考自己在人生中以什麼方式展現這些能量，並且思考自己如何有意識地選擇發展這些能量，而非只是對外界做出反應。比如說，如果你的土星或者摩羯座在第十二宮，你可能會發現自己孤僻到了近乎自閉的程度。透過思考與覺悟，你可以選擇對外在世界打開自己，不害怕分享自己敏感的一面。把你的想法寫在筆記本裡。

透過筆記練習以及薩滿土星旅程，你就可以真正了解自己星盤上的能量，選擇在人生中如何有效的發揮與體現。

第十三章

寶瓶座：送水人

如果一個人被奪走了按照信念生活的權力，
那麼他別無選擇，必須成為法外之徒。

—— 尼爾森·曼德拉

日期：一月二十日～二月十八日，頭尾日期視當年星曆而定。

元素	分類	守護星	掌管宮位
風	固定星座	天王星	第十一宮

寶瓶座是風象固定星座，由天王星掌管，不過傳統上由土星掌管。它是黃道第十一宮，在這個位置，我們找到自己所屬的社群。

寶瓶座的象徵是送水人——一個人從瓶子裡倒出來似乎是水的東西，澆在大地上。這個獨特的星座具有錯綜複雜的特質，從圖形可見一斑。有人說瓶中倒出來的是水，因為寶瓶座希臘文名稱是**Aquarius**，意即「屬於水的」，因此寶瓶座是一個被遺忘的水象星座。也有人說事實上那是天堂的精神，被澆灌在大地上。寶瓶座的符號也是一樣眾說紛紜，有人認為是水波，有人認為是電波，甚至有人認為是兩條象徵知識的蛇。

以上這些描述都反映出，在很多方面，這個星座複雜度很高，超越個人，並與集體有關。寶瓶座的風向能量代表著超越肉體的連結，具備了塵世以外、原創而獨特的知識。這種能量是以超越極限的思考，創造出全新的連結。

寶瓶座的守護星有兩個，在現代占星裡是天王星，古典占星裡則為土星，這也反映出

它的錯綜複雜。它是個固定星座，雖然具有創新的能量，卻經常顯得保守，令人感到奇怪；而且寶瓶對於歷史、古代事物與古董很感興趣，這是因為他們能夠把所有事物連結在一起，包括如何翻新古老的影響力，讓它重新融入現代世界裡。

寶瓶座的關鍵動力是追尋個人自由以及自己選擇道路。他們對於社會議題十分關注，能夠質疑權威，是慈善家也是叛逆者，要為所有人爭取和平與自由，並尊重分歧與差異。這個星座是屬於社群的，能夠聚集志同道合之士。比如，太陽寶瓶在第三宮，則此人是具有創意的溝通者、「點子王」，思緒始終活躍，不斷探索著讓他好奇的主題。

在無意識的狀態下，寶瓶能量是無法預測的，情感上與人疏離、甚至極端。透過了解與覺悟，寶瓶能夠選擇在自己的社群裡建立情感連結，同時緩和自己的極端傾向。

現在你已經大致了解寶瓶能量。接下來我們要研究各行星、各宮位落在寶瓶座的表現。準備好你的出生盤，看看你有哪些行星在寶瓶座，以及這些行星的宮位。接著找出這三者(行星、星座、宮位)對你有意義的關鍵字詞，就可以結合解釋這些能量，解釋的時候，你可以把關鍵字詞代換成自己選擇的同義字。列出這些資料，你就有了一幅意義清晰的全景，能夠進一步深入了解寶瓶能量在你身上如何展現。真正的自知與選擇，就從此而來。有了這些知識護身，你就能夠選擇如何使用寶瓶的能量，如何反應、如何行動，以及在這個世界上如何展現你的寶瓶特質。

行星在寶瓶座

這一節簡要敘述各行星位於寶瓶座的情況。在此我要提醒你，不要把這些敘述當作絕對的定義，而是要把它們當作跳板，想出意義相近的詮釋，嘗試解讀自己的星盤。這一章裡的描述及練習可以強化你的解盤技巧，用以描述寶瓶能量與行星在你身上展現的情況。

月亮在寶瓶座

月亮代表你的情感。落在寶瓶座，你天性善良、富有同情心、聰明，經常有與眾不同的點子，但與近親好友比較疏離，但這是因為你的同情心是留給大眾的。你很隨和，朋友通常都是不同尋常的人，包含你自己也不同尋常。

水星在寶瓶座

水星代表交流與思緒，落在寶瓶座，你的心智運轉超速而且很少停歇。你能把看似不相干的線索很快地連結起來，織出一副新的全景。事實上，這個落點是最有創造力的。寶瓶座的固定元素有時候會讓你的看法極端而固執。不過你有一種天賦，能夠很快調整思路、跟上集體的步調，但是你依然會挑戰既定的想法。

金星在寶瓶座

金星代表愛、親密關係、樂趣、創造力，以及我們對於人生中物質與享樂的價值觀。金星寶瓶喜愛能夠刺激他們的心智、激起創新想法，朝著更創新的方向前進的伴侶。如果你有這個落點，你看似開明，但實際上無法容忍自私的人以及感性大過理性的人，也喜愛不同於俗的後現代藝術創作。

火星在寶瓶座

火星代表你的意志、動力、精力。火星寶瓶使你成為熱切的改革家，推動社會革命。其他人會覺得與這種能量相處非常累人，因為你的思緒反覆而且古怪，很少人能跟得上，這將導致挫折感，最後變成群體中的無政府主義者或者不滿現狀。為了避免這種趨勢，你要多參加適合你的社群，讓你的精力、靈感、創新能力找到出口。

木星在寶瓶座

木星代表擴張、信仰、真理、自由，也代表浮誇。木星寶瓶的心智關切的領域很廣泛，喜愛研究各種公平無私的思想與實行辦法。與其他行星的寶瓶落點比起來，木星寶瓶最有可能從事「異文化」的探索，無論是在地球上，還是太空中。你也可能為了求得事物真相，以及得到個人自由而打破陳規。

土星在寶瓶座

土星代表技藝精湛、決心、紀律。傳統上土星是寶瓶的守護星，為飄忽反覆的寶瓶能量帶來一點定力，這是一種穩定的特質，能夠強化寶瓶座專注力。如果你的土星在寶瓶座，你比其他的寶瓶落點更需要條理與邏輯，但是這種條理可能有點反傳統。土星寶瓶的人通常獨來獨往，即使在團體中也容易孤獨，朋友極少，不過一旦與對方成為朋友，就會非常忠誠。

天王星在寶瓶座

天王星代表獨立、不可預測、打破常規。天王星掌管寶瓶座，擁有這個落點的人是黃道裡最不尋常、最獨特且破格的。如果你有這個落點，你可能會想要解決錯綜的社會問題，比如貧富不均或者追求世界和平，你也可能從事電腦與網路科技相關工作、觸及數學及科技領域。你的智力非常高，可能給人居高臨下的感覺，彷彿看不起智力較低的大多數人，與人往來時要注意這一點。

海王星在寶瓶座

海王星代表靈感、幻想、心靈上的敏感、療癒、無序。海王寶瓶具有高度創造力，有豐沛與創新的想法及靈感泉源。如果你有這個落點，他人眼中的你有一種超脫塵世的感覺，使得你彷彿是不食人間煙火的夢想家。

冥王星在寶瓶座

冥王星是靈魂，或者靈魂的渴望。冥王星在每個星座裡停留大約二十年，因此這個強大的矮行星造成的影響是關乎整個世代的，也就是說，出生在這個世代的每個人，冥王所在星座都是一樣的。因此必須結合世代意義與你個人的冥王宮位，才能看清你個人的宇宙藍圖。

冥王星從1778年到1798年位於寶瓶座，下一次回到寶瓶座是在2023年。這一代人改變了整個社會結構，下一次冥王寶瓶世代也將帶來重大創新，包括科學、科技、社會正義、政府組織等等。英國女王伊莉莎白一世，英國詩人雪萊，電磁學家法拉第，都是冥王寶瓶。

南交點在寶瓶座

如果你的南交點在寶瓶座，那麼你靈魂的本能習慣是要融入其他人，這會讓你感受到同儕壓力，而你正在學著放下這種習慣。你的演化課題是學會跟著自己的渴望與喜好走，這表示你必須先知道自己在渴望什麼。

北交點在寶瓶座

如果你的北交點在寶瓶座，你正慢慢了解維護群體利益是很重要的，在看待他人的時候，要把對方視為個體，而非對方在你生活中的角色。你也正在學著從宏觀的角度看事情、學著在團體中平等與人相處，而不是成為所有人注意的焦點。

寶瓶座的宮位

寶瓶座會為所在的宮位帶來更深的洞見，對於該宮位所代表的人生方面，你會展現創新與發明的特質。你在此領域也會格外叛逆與不可預測。

前往寶瓶座守護星天王星的薩滿旅程

在這個練習當中，你將透過薩滿旅程前往一個非日常的世界，也就是上界。這跟冥想有點類似，但是你能主動提問，尋求指引與解答。薩滿旅程是一種神奇的方式，讓你得到生命中的助力支援。從事薩滿旅程的頻率依你自己而定。

首先在YouTube或者其他類似網站上搜尋「薩滿鼓聲」（Shamanic Drumming），從中選一首，長度十到十五分鐘（我自己尤其喜歡Shamanic Experience 還有Sandra Ingeman製作的）。一開始可以嘗試兩三首，找出自己最喜歡的。用耳機或者放大音量的效果最好。先讓自己處於舒適放鬆的狀態，然後按下播放鍵。

你可以躺在舒服的毛毯上，或者兩腳平放在地、採取舒適的坐姿。然後開始播放音樂，閉上雙眼。

想像自己身處某個出發地。我的出發地是一片草原，你的出發地可能是沙灘、山間、森林等等任何地方，無論眼前浮現什麼樣的地點，都不要懷疑。

想像自己身處其中，然後看看四周，有沒有一個靈性嚮導（通常是動物或者其他同伴，可能是神話裡的生物，甚至植物、樹木）。邀請你的靈性嚮導與你一起踏上旅程。接下來，找出通往上界的道路，可能是梯子、階梯、豆莖，或者你乾脆直接飛行。無論是哪種通路，都不要懷疑。

現在想像你前往天王星，寶瓶座的守護星。記住途中發生的每一件事情。與天王星對話，提出問題。

在你的星盤上與天王星及寶瓶座有關的領域裡，天王星能夠如何幫助你呢？

天王星與寶瓶座能夠如何幫助你自我成長呢？

關於前一個問題，天王星可能會建議你，學著冒險，不要一味從眾。關於後一個問題，天王星可能會建議你，永遠維持如孩童般的真摯與玩心。要記住，這段對話的中心思想是，你正在尋求最適合自己的方式、發展自己的能量。

對話結束之後，要向天王星道謝，然後循來時路回到出發地。準備好，睜開眼，把這段旅程記錄在筆記本上。

寶瓶座在第一宮

如果你的寶瓶座在第一宮宮頭或者第一宮裡,你在眾人眼中有反叛精神而且特立獨行。你能幫助人們看清事情必須改變,能讓他們看到一個不同的未來是什麼模樣。你比任何人都希望自己與眾不同;你的扮相很可能新潮、風格特異,人們會被你吸引而來,與你一起解決問題,創造出新穎的解決方式。

寶瓶座在第二宮

如果你的寶瓶座在第二宮宮頭或者第二宮裡,你不太看重物質,在財務與工作方面也許不太穩定。但是你總能夠找出一些不同以往的賺錢方式。你的自尊與自我價值、創意相關,但能否以創意賺錢對你而言未必重要,解決複雜難題帶來的成就感顯然更吸引你。你擅長設定目標,從分散的點與點之間找出關係、連結起來,這種天賦可以幫助人們實現夢想。

寶瓶座在第三宮

如果你的寶瓶座在第三宮宮頭或者第三宮裡,你熱愛學習,對於新想法、表達自己的新方式抱持十分開放的態度。你的思想超前,善於告知他人新的觀念。要注意的是,你的思路飛快,對他人可能沒有耐心,而且往往不注意自己說的話是否會讓人受傷。

寶瓶座在第四宮

如果你的寶瓶座在第四宮宮頭或者第四宮裡,你在年幼時的家庭生活可能並不穩定,對於成家以及建立穩定的家庭生活也沒有很強欲望。你可能經常搬家,甚至成為數位游牧者(工作依賴網路,工作地點與時間自訂的人)。如果你成了家,你會把自己的家經營得迷人有趣,不過要注意,如果你的孩子依賴心較重,他們可能會覺得你太過冷淡。

寶瓶座在五宮

如果你的寶瓶座在第五宮宮頭或者第五宮裡，因為你喜歡採取與他人大不相同的做事方式，所以嗜好消遣也與眾不同。你會以實驗性的態度面對感情，喜歡以友誼為基礎開始發展的關係。你不是守舊的父母，會鼓勵孩子獨立，走自己的路，甚至會訓練他們發揮自己的叛逆精神。

寶瓶座在第六宮

如果你的寶瓶座在第六宮宮頭或者第六宮裡，你需要在群體環境裡工作，而且工作內容必須富有變化、思想前衛，並能接受創新。你很適合走科技與科學領域，尤其是與發明有關的職位。能為人類帶來福祉的工作最令你樂在其中。

寶瓶座在第七宮

寶瓶座在第七宮，那麼你喜歡胸懷理想，以行動為這個世界面臨的難題找出解答的伴侶。對於一對一關係來說，這個宮位有點矛盾，因為你想要獨立，也想要對方是一個獨立個體，但是寶瓶是固定星座，這使你希望一切都按你的方式進行。學著給予與接受、與伴侶相處，才是長久的關鍵。

寶瓶座在第八宮

如果你的寶瓶座在第八宮宮頭或者第八宮裡，你喜愛探索隱密的世界，與玄學、心理學相關的事物。你會思考各種事物運作的關聯。在你尋求真理的過程中，最吸引你的是找出深奧世界的解答。至於在物質事物方面，你喜歡以非傳統的方式處理合夥財務，甚至可能會從事投機事業。

寶瓶座在第九宮

如果你的寶瓶座在第九宮宮頭或第九宮裡，你對強加在你身上的信仰十分反感，因為你拒絕任何來自他人的教條。你對很多理念都保持開放的態度，能看清它們之間的點與線，把它們串聯在一起。你喜歡與挑戰固有信仰的人為友。對於旅行以及異國文化也抱持同樣的價值觀。

寶瓶座在第十宮

如果你的寶瓶座在第十宮宮頭或者第十宮裡，會想要對人道主義或者社會環境做出貢獻，你能運用你的創新想法幫助他人，不喜歡別人試圖以權威控制你、干擾你的做事方式，因為你需要個人自由；因此你可能參與創業，這樣就可以待在一個團體或者組織裡，但並不為他們工作。不過你並不喜歡成為這類團體的公開代言人。

寶瓶座在第十一宮

寶瓶座掌管第十一宮，如果你的寶瓶座在第十一宮宮頭或者第十一宮裡，你可能會有一大群奇特的朋友。這是屬於邊緣人以及社會反叛者的國度，他們無法適應這個社會強加的傳統觀念。你對於科技得心應手，善於透過網際網路與這些群體往來，而非真正面對面交流。

寶瓶座在第十二宮

寶瓶座的關鍵在於原創與發明能力，而第十二宮代表集體無意識、與靈感及神祕事物的連結。如果你的寶瓶座在第十二宮宮頭或者第十二宮裡，你與無意識之間自有一種獨特的連結方式。你能夠發現別人看不見的關聯，這一點能幫助你感受到，你與生俱來的人道主義之中存在著心靈契約，而且這種連結方式是別人做不到的。

寶瓶座個案研究

賈姬的出生星盤有如下落點：

- 太陽寶瓶座在第二宮
- 月亮牡羊座在第四宮
- 上升點射手

在這個案例裡，我們要看的是太陽、月亮、上升點。在213頁附錄A的案例則會整合星盤上的其他元素。

賈姬覺得自己實在很難與他人產生強烈的情感連結，而且有時候會對自己很嚴苛。在研究了自己的出生星盤之後，賈姬確認自己是一個追求自由的創業者（太陽第二宮），需要獨居、或者按照自己的喜好安排住家環境（月亮牡羊第四宮），喜愛四處活動奔波、各種有趣的事物（上升射手）。由於有月亮牡羊第四宮與上升射手，第二宮太陽就比單純的寶瓶座太陽更愛好自由，而且可能經常搬家，十分獨立。

賈姬的出生星盤顯示，做些深度練習能夠幫助她先與自己的情感產生連結，接著再放慢速度，與自己所愛的人交流。

寶瓶座的靈魂

任何一個太陽星座的人格與行為，都受到出生星盤上其他落點與相位的影響。想要全盤描繪出個人藍圖上的可能與潛力，就必須融合所有行星、宮位、相位以及行運。

寶瓶座更能開心玩耍並且與他人產生連結的策略

寶瓶座經常神遊物外，因為他們的精神總是專注在找出關聯的點與點，所以很難放鬆享受與他人的關係。以下策略可以幫助你學著開心玩，並且與他人建立情誼。

1. 到公園的遊樂場去盪鞦韆半小時，一週一次。雙腳著地把自己往前推的時候，感受你腳下的大地；前後搖晃的時候，感受吹過你髮間的風。閉上眼睛，感受玩耍的單純樂趣。

2. 做一種打開心房的冥想，在智性層面之外與他人產生更多連結。你可以搜尋關鍵字：「打開心房冥想」（heart-opening meditation）指導。

3. 參加直覺繪畫課程或者團體。直覺繪畫是一種讓你與你內在孩童溝通的過程，通常都是用你非慣用的那隻手去畫。這種練習非常有創造性，而且在過程中不需要任何計劃、訓練、分析。它的目的是把你從思想裡釋放出來，只畫讓你感覺快樂的事物。

如果你的太陽星座是寶瓶座，那麼你跟其他太陽寶瓶的人會有共通之處，但是你依然是獨一無二的你。比如，太陽寶瓶與上升摩羯，比起太陽寶瓶與上升天蠍，前者比較穩定保守；而後者極為注重隱私，可能從事深度研究。又比如太陽寶瓶與月亮射手，比起太陽寶瓶與月亮金牛，前者可能會傳授自己擁有的知識，或者是個數位游牧者；而後者比起大多數寶瓶座更看重物質世界。

以下幾件事必須加以考慮，這樣可以幫助你在人生的不同領域發揮寶瓶能量。首先要記住的是，你的靈魂選擇了寶瓶能量，好讓你在這些領域更能為社會著想，並且更有發明精神。你可以選擇徹底發揮寶瓶座的正面特質。

一般性個人發展

寶瓶座最大的難題是不可預測，讓人覺得無法倚賴。更嚴重的話，人們在所有事情上都不再信賴你。練習從頭到尾逐一完成責任，這樣可以與你生活中的人們建立更多的連結與信任。

親密關係／人際關係

參考一下寶瓶座的對宮獅子座，那是一個象徵感情、熱誠、自信、個體性的星座，鼓勵寶瓶座試著不時往前一步，走到聚光燈下展露自己的才華。這並不是要你完全變成獅子，而是當你與人交往的時候，你應該融合一些獅子的特質，這樣有助於建立更成功的關係。

完成目標

寶瓶座非常專注於未來，所以經常有宏偉的計畫，立定了大膽的目標。但是飄忽矛盾的行為模式經常使他們很快放棄，改換成另一個目標與計畫。所以必須發揮一點你天性中的頑固，直到一個目標開花結果。

事業

想要完整分析哪一種事業適合你，必須考慮第十宮宮頭(天頂)，第十宮星座的守護星，以及第十宮裡的行星。比如說，如果太陽寶瓶的第十宮宮頭是天秤，加上天王星(掌管寶瓶座)在第二宮，此人可能適合財務方面(天王星二宮)的外交與斡旋工作(第十宮天秤)，而且這會讓他有機會在框架之外思考解決問題的方式(太陽寶瓶)。

天王星與寶瓶座的筆記練習

手邊準備好你的筆記本，選一個安靜的時間與地點，來看看你的出生星盤。先看天王星與寶瓶座。看天王星落入的星座，還有天王星與寶瓶座的宮位。參考177頁的寶瓶座宮位，也能大概知道天王星在各宮位的情況。

把本書裡以及你從薩滿天王星旅程得到的關鍵字詞寫在筆記本裡。思考自己在人生中以什麼方式展現這些能量，並且思考自己如何有意識地選擇發展這些能量，而非只是對外界做出反應。比如，你的天王星或者寶瓶座在第五宮，可是你發現自己現在從事的休閒活動並沒有表現出你顛覆傳統的特質。了解了這一點之後，你可能選擇以自己的獨特方式研究占星學，這是一種寶瓶座特質很強的領域。把你的想法寫在筆記本裡。

透過筆記練習以及薩滿天王星旅程，你就可以真正了解自己星盤上的能量，選擇在人生中如何有效的發揮與體現。

第十四章

雙魚座：兩條魚

你心中的永恆察覺到生命的永恆。而且他明白，
昨日不過是今日的記憶，明日是今日的夢。

—— 哈利勒‧紀伯崙《先知》

日期：二月十九日～三月二十日，頭尾日期視當年星曆而定。

元素	分類	守護星	掌管宮位
水	變動星座	海王星	第十二宮

雙魚座是水象變動星座，由海王星掌管。它是黃道第十二宮，也是最後一宮，因此是黃道所有星座的總和，我們在這裡與所有的個體合而為一。

雙魚座的象徵是魚（其實是繫在一起的兩條魚，往兩個相反方向游去）。符號則是兩個新月形，中間以一條橫線結合。新月代表月亮最暗的時刻——最神祕、最玄妙、最神奇的時刻——在此時，我們向內探索，為月相變化的起點立定新的意向。魚象徵感情、深度的自覺、生育力、出生與再生、無意識或者更高的自我——雙魚座涵蓋了這一切。

就與水、月、魚一樣，雙魚座對於波動很敏感，感受性強，而且是流動善變的。雙魚座往兩個相反的方向游動，具有介於精神世界與物質世界之間的雙重性，因此雙魚座代表著不同的想法與不同的人事物、想像與欺瞞、具象世界與精神世界。

雙魚座想像力豐富，直覺強，深具同情心，容易與他人產生情感上的共鳴，而且相當夢幻。雙魚也是偏向心靈層面的、神祕的，容易沉溺於幻象與逃避主義，甚至可能有某些成癮症。它是最超然的星座——有時也是最消沉的星座，因為他很容易對事物感到幻滅，或者全心投入自我犧牲的劇情之中。雙魚具有非凡的創意能量，擁有願景，喜愛遨遊於幻想領域。比如，太陽雙魚在第五宮，則此人可能是活潑而且想像力豐富的創造者，但是也可能因為想法多樣而猶豫不決，無法確定自己到底要創造什麼。

在不自覺的狀態下，雙魚能量可能高度敏感，缺乏邊界，因此他們可能會擔負起救世主或烈士的角色，也可能採取任何形式的逃避方式，其中有些方式比較不健康。比如說，沈溺於酒精與藥物，就不會比用電影或者其他藝術來表達幻想來得正向。雙魚需要時間去做夢、去想像，要學習選擇健康的方式滿足自己的綺想。

現在你已經大致了解雙魚能量。接下來我們要研究各行星、各宮位落在雙魚座的表現。準備好你的出生盤，看看你有哪些行星在雙魚座，以及這些行星的宮位。接著找出這三者(行星、星座、宮位)對你有意義的關鍵字詞，就可以結合解釋這些能量，解釋的時候，你可以把關鍵字詞代換成自己選擇的同義字。列出這些資料，你就有了一幅意義清晰的全景，能夠進一步深入了解雙魚能量在你身上如何展現。真正的自知與選擇，就從此而來。有了這些知識護身，你就能夠選擇如何使用雙魚的能量，如何反應、如何行動，以及在這個世界上如何展現你的雙魚特質。

行星在雙魚座

這一節簡要敘述各行星位於雙魚座的情況。在此我要提醒你，不要把這些敘述當作絕對的定義，而是要把它們當作跳板，想出意義相近的詮釋，嘗試解讀自己的星盤。這一章裡的描述及練習可以強化你的解盤技巧，用以描述雙魚能量與行星在你身上展現的情況。

月亮在雙魚座

月亮代表你的情感。而雙魚座同時具備水與月亮的情感特質，如果你的月亮在雙魚座，你非常敏感、擁有豐富的感受力和強大的直覺，就像一塊吸力超強的心靈海綿，所以你必須找到適當的工具，來區分自己的情感以及集體的情感。你對於周遭的氛圍很敏感，如果所處的環境對你不利，就相當容易生病。對於這個落點來說，靈感是神聖的，它能夠為你所做的一切帶來動力，尤其能夠激發你的創造力。

水星在雙魚座

水星代表交流與思路，落在雙魚座，你彷彿天生的說書人，有生動的詮釋與想像力。你是天生的居間橋梁，言語彷彿不是你主動表達，而是通過你自然流露。你使用潛移默化的方式學習，感知然後吸收資訊。別人可能總覺得你活在白日夢之中，因為事實上的確如此！你生性天真浪漫，可能會覺得處理細節瑣事非常棘手，但若投入創造性的活動，你就如魚得水了。

189

金星在雙魚座

金星代表愛、親密關係、樂趣、創造力，以及我們對於人生中物質與享樂的價值觀。金星落在雙魚座，是所有星座中最浪漫的落點，擁有這個落點的人總透過玫瑰色眼鏡看待一切事物，對於自己所愛之人有何需要非常敏感，而且會盡一切努力去滿足他們。這個落點象徵「神聖之愛」(古希臘文agape)，是愛的極致。因為你的愛不計條件，但你也可能無法抵禦別有用心的人製造出來的幻象，所以要記住，適時地摘下你的玫瑰色眼鏡。

火星在雙魚座

火星代表你的意志、動力、精力。雙魚座裡的能量是分散而且流動的，因此對火星而言，這是一個備感挫折的位置。如果你有這個落點，你內在敏感，容易受傷，你的動力不知道該往哪個方向前進，所以需要給它一個能夠發揮創造力的出口。對火

星能量來說，不知道自己要什麼是很大的問題，而且這會使得你的情緒多變。你很有創造天賦，所以應該多嘗試一些實際做法去探索你的潛能，讓你的火星能量能夠自在發揮。

木星在雙魚座

木星代表擴張、信仰、真理、自由，但是也代表了浮誇。木星在雙魚座是最有共情能力以及慈善心腸的位置。他們是非常出色的傾聽者，喜愛幫助他人。這個落點擁有強大的療癒能量，能夠吸引他人，提供很好的指導意見。木星會擴展他所碰觸的一切事物，所以如果你有這個落點，你的想像力廣闊無際，夢想豐富多姿。在你眼中，世界充滿無限的可能性，所以當你被現實赤裸裸的打擊後，可能會出現逃避的行為。

土星在雙魚座

土星代表技藝精湛、決心、紀律。土星在雙魚座經常會膽怯、不自在，因為土星限制了雙魚的想像與靈性特質。你總是想做正確的事，但是這種感覺反而會讓你受困於細節，因而無法接納各種可能，甚至會造成抑鬱。如果你有這個落點，要相信自己的強大直覺，讓你的想像力自由流動，這樣才能幫助自己超越恐懼感。如果發現自己有抑鬱症狀，請尋求他人協助。

天王星在雙魚座

天王星代表獨立、不可預測、打破常規。天王星雙魚的想像力無邊無際，而且打破傳統，極有前瞻性。這個落點與集體無意識以及非現實世界的能量高度契合。如果你有這個落點，當你使用自己的能力達成夢想、幫助許多人，你自己也會生氣蓬勃，但是如果你的想像力與心智無所事事，你就會感到暮氣沉沉而且哀傷；請讓自己的天王雙魚保持有事可做。

海王星在雙魚座

海王星代表靈感、幻想、心靈上的敏感、療癒、無序。海王星落在自己掌管的雙魚

座裡是神祕的、超自然的，他們依靠靈感而活。擁有這種能量的人往往為他人極度犧牲自我，他們給予旁人靈感，而當他們自己需要幫助的時候，旁人也會心甘情願予以援手。如果你的海王星在雙魚座，你非常注重心靈層面，感受與意識非常靈敏，不過也可能正好相反，傾向於逃避以及成癮行為。要注意這種習性，必要時尋求協助。

冥王星在雙魚座

冥王星代表靈魂，或者靈魂的渴望。冥王星在每個星座會停留大約二十年，因此這個強大的矮行星造成的影響是關乎整個世代的，也就是說，出生在這個世代裡的每個人，冥王所在星座都一樣。因此必須結合世代意義與你個人的冥王宮位，才能看清你個人的宇宙藍圖。

冥王星從1797年到1823年位於雙魚座，下一次回到雙魚座是在2044年。這一代人沉潛在超自然能力與集體祕密之中，可能會使用更多治療精神層面的藥物，因為這個落點想要探索集體無意識，而據信此類藥物能夠打開感知的大門。美國第16任總統亞伯拉罕‧林肯、劇作家威廉‧莎士比亞、作家埃德加‧愛倫‧坡、哲學家卡爾‧馬克斯，都是冥王雙魚。

南交點在雙魚座

如果你的南交落點在雙魚座，那麼你的靈魂本能習慣是過度付出與無私。你總是在尋求公平正義以幫助他人，卻很少顧及自己。如果你懂得真正幫助別人前必須先照顧好自己，就能更加滿足。

北交點在寶瓶座

如果你的北交點在雙魚座，此生你的靈魂功課是要明白同情、信任，以及全心交付有多麼可貴。你生來就有一種強烈的需要，想要控制生命中的一切，這會導致你在一個不斷變化的世界裡堅持完美主義。心靈方面的練習比如冥想與祈禱，能幫助你相信宇宙自有完美的安排，比你控制得更好。

前往雙魚座守護星海王星的薩滿旅程

在這個練習當中，你將透過薩滿旅程前往一個非日常的世界，也就是上界。這跟冥想有點類似，但是你能主動提問，尋求指引與解答。薩滿旅程是一種神奇的方式，讓你得到生命中的助力支援。從事薩滿旅程的頻率依你自己而定。首先在YouTube或者其他類似網站上搜尋「薩滿鼓聲」(Shamanic Drumming)，從中選一首，長度十到十五分鐘（我自己尤其喜歡Shamanic Experience 還有Sandra Ingeman製作的）。一開始可以嘗試兩三首，找出自己最喜歡的。用耳機或者放大音量的效果最好。先讓自己處於舒適放鬆的狀態，然後按下播放鍵。

你可以躺在舒服的毛毯上，或者兩腳平放在地、採取舒適的坐姿。然後開始播放音樂，閉上雙眼。

想像自己身處某個出發地。我的出發地是一片草原，你的出發地可能是沙灘、山間、森林等等任何地方，無論眼前浮現什麼樣的地點，都不要懷疑。

想像自己身處其中，然後看看四周，有沒有一個靈性嚮導（通常是動物或者其他同伴，可能是神話裡的生物，甚至植物、樹木）。邀請你的靈性嚮導與你一起踏上旅程。接下來，找出通往上界的道路，可能是梯子、階梯、豆莖，或者你乾脆直接飛行。無論是哪種通路，都不要懷疑。

現在想像你前往海王星——雙魚座的守護星。記住途中發生的每一件事情。與海王星對話，提出問題。

在你的星盤上與海王星及雙魚座有關的領域裡，海王星能夠如何幫助你呢？

海王星與雙魚座能夠如何幫助你自我成長呢？

關於前一個問題，海王星可能會建議你：適時把自己放在第一位；關於後一個問題，海王星可能會建議你學習發展自身的獨立性。要記住，這段對話的中心思想是，你正在尋求最適合自己的方式、發展自己的能量。

對話結束之後，要向海王星道謝，然後循來時路回到出發地。準備好，睜開眼，把這段旅程記錄在筆記本上。

雙魚座的宮位

雙魚座會為所在的宮位帶來更深的洞見，對於該宮位所代表的人生領域中，你會表露出同情與無私。你傾向以靈性的方式面對這些領域。

雙魚座在第一宮

如果你的雙魚座在第一宮宮頭或者第一宮裡，在眾人眼中你很羞怯，不太有自信。你天性易感，人們知道你在不斷感受周遭的特質與能量，卻很難透過外表看見真正的你；在某些人眼裡，你是神遊物外的夢想家。很容易共情、心性敏感、有創意，能用藝術表達夢幻的自我。

雙魚座在第二宮

如果你的雙魚座在第二宮宮頭或者第二宮裡，你可能不太擅長理財或設定財務計畫，因為你很難專注地達到目標，所以容易順流而下。但是你天性慷慨，而且這份開闊的胸襟會吸引財富。你與大自然有靈性連結，可能會接收到靈性訊息，並能使用直覺與創造力聚集金錢。

雙魚座在第三宮

如果你的雙魚座在第三宮宮頭或者第三宮裡，你上課的時候，可能都在做白日夢；對你來說，最好的學習方式並非按表操課，而是沉浸在自己想要學習的某個領域裡，自然地吸取知識，發揮與生俱來的接收能力。獨自學習的效果對你而言會比較好，因為不會被其他人的思緒分散注意力。與人交流的時候，最有力的話語不單是出自理性的考量，同時也出自靈魂；不過如果你太認真思考自己正在說的話，想傳達的訊息反而會受阻而模糊。

雙魚座在第四宮

如果你的雙魚座在第四宮宮頭或者第四宮裡，你的家必須是安全寧靜的港灣，否則你會退縮到只屬於你自己的世界裡。你需要來自家人的支持與安穩的生活，但是你可能會看不清他人的為人與性格。如果家中過於熱鬧嘈雜，會榨乾你的能量。

雙魚座在第五宮

如果你的雙魚座在第五宮宮頭或者第五宮裡，你需要能夠讓你徹底表達情感與直覺能力、具有創造性的嗜好——比如，意識流寫作、直覺繪畫。你也可能對電影或視聽媒體領域感興趣。你對自己的孩子非常無私，可是要注意是否會為了孩子過度犧牲自我。在愛情方面，你會受到需要拯救的人吸引。

雙魚座在第六宮

如果你的雙魚座在第六宮宮頭或者第六宮裡，你比較適合受雇，期待在工作上有人加以指引，但是要提防他人利用你溫和的天性。你需要在精神上能夠滿足你的工作，而且這份工作必須讓你感到自己在幫助他人。如果你的工作無法為你帶來意義和成就感，身體健康就會受到影響。

雙魚座在第七宮

雙魚座在第七宮，那麼你喜歡在心靈層面有共鳴的伴侶，此人能為你的生活帶來創造力，讓你打開心房，創造新的經歷。你需要善感的伴侶，能夠共同分享生活的點點滴滴。在親密關係裡，你會負責打點細節與計畫。

雙魚座在第八宮

如果你的雙魚座在第八宮宮頭或者第八宮裡，你會想要探索無意識的最深領域，甚至有靈媒的能力。你可能會為伴侶不惜犧牲自我，但長久下來，會使你失去自信和自我意識。所以在一段關係裡，你必須學著傾聽自己的直覺並且加以信任，才不會把自己完全交付給別人。

雙魚座在第九宮

如果你的雙魚座在第九宮宮頭或者第九宮裡，對你而言，心靈或宗教方面的信仰非常重要。能夠吸引你的通常是性質超然的宗教，比如佛教、伊斯蘭教的蘇菲派，或者其他的神祕主義信仰傳統。你也許會喜歡待在宗教社群裡，經由宗教儀式找到指引。出門旅行的時候，待在水畔能讓你精神煥發。

雙魚座在第十宮

如果你的雙魚座在第十宮宮頭或者第十宮裡，你可能很難決定自己的人生方向，因為你在靈魂深處是一個預言家，無法完全適應一種固定的職業。你最拿手的是聽從內心的嚮往、從心靈或者玄學方面去幫助他人，或者從事那些能夠讓你徹底發揮想像力的工作。

雙魚座在第十一宮

如果你的雙魚座在第十一宮宮頭或者第十一宮裡，你對朋友非常慷慨，但可能會在金錢或精神上無止境的付出。你喜歡與自己心靈投契的群體與社群，但如果周遭有些更務實的朋友，你會因此受益。你的夢想與目標充滿理想主義。

雙魚座在第十二宮

雙魚座代表心靈的連結，而第十二宮代表集體無意識、與靈感及神祕事物的連結。如果你的雙魚座在第十二宮宮頭或者第十二宮裡，你與神祕奇幻的領域之間存有超自然的連結。你也擁有深層的共情能力，可能會為全人類感到悲哀。很多時候你可能更喜歡獨處。

雙魚座個案研究

愛德華的出生星盤有以下落點：

- 太陽在雙魚座第九宮
- 月亮在巨蟹座第二宮
- 上升點雙子座

在這個案例裡，我們要看的是太陽、月亮、上升點。在213頁附錄A的案例則會整合星盤上的其他元素。

愛德華經常覺得自己「困在泥淖中」，無法採取行動，雖然他看似擅長社交（上升雙子），但內心其實是一個夢想家。在研究了自己的出生星盤之後，他確認自己是有創意的預見者（太陽第十宮），適合成為身體的治療者，比如按摩治療師（月亮巨蟹第二宮），而且喜愛傳授、交流自己所學（上升雙子）。太陽雙魚第十宮以及月亮巨蟹第二宮都是水象行星落於土象宮位，他對大自然有一種情感或者心靈上的連結。雙子上升能減輕水－土組合的「泥濘感」。

愛德華的星盤建議他找出方法，刺激並燃燒自己的熱情，可能的方法是與充滿生命力的人建立起關係（他的上升點的對宮、也就是下降點，位於射手座），這些人能把他從泥濘感中拉出來。

雙魚座的靈魂

任何一個太陽星座的人格與行為，都受到出生星盤上其他落點與相位的影響。想要全盤描繪出個人藍圖上的可能與潛力，就必須融合所有行星、宮位、相位以及行運。

雙魚座增進與真實世界連結的策略

雙魚非常容易出現逃避的傾向。因為他們能接收周遭的所有能量，所以在現實世界中很難一一安排妥貼。以下策略能夠幫助你處理這種能量，與現實連結。

1. 練習與現實連結的技巧，能夠把你帶回當下，並且讓你的意識回到現實世界上。做法是運用你的每一項感官，把周圍所有事物列出來：辨認顏色與形狀、數清數量、實際觸摸、聞嗅，聆聽你的周遭環境。對於你在當下注意到的每一件事物都保持高度敏感。這樣能把你與周圍的世界連結在一起。

2. 有一個很簡單的練習，連結技巧是隨處都可以做的。首先坐在椅子上（或者站著），兩腳平放在地。感受自己身體坐在椅子上、雙腳落在地上。在胸前交叉雙臂、輕拍肩膀，左右輪流，一次拍一邊。如果是在公眾場合，你可以改為輕拍大腿。這種輕拍可以讓你的注意力回到自己身上、回到當下。

3. 當你覺得自己過於善感的時候，泡一個熱水澡，水裡放一些鎂鹽（Epsom salt）或者礦物鹽。在水裡泡一會兒，讓自己放鬆，讓心情愉快自在。可以每週做一次，或任何需要的時候都可以執行。

如果你的太陽星座是雙魚座，那麼你跟其他太陽雙魚的人會有共通之處，但是你依然是獨一無二的你。比如，太陽雙魚與上升天蠍，比起太陽雙魚與上升摩羯，前者十分重視隱私，彷彿能看穿他人的靈魂與心智，而後者更為穩定，比較清楚自己要達成哪些人生目標。又比如太陽雙魚與月亮寶瓶，比起太陽雙魚與月亮獅子，前者比較容易從強烈的同理心中抽離，不受他人感受的影響；而後者能自在地待在聚光燈下，發揮玩心及創造力。

以下幾件事必須加以考慮，這樣可以幫助你在人生的不同領域發揮雙魚能量。首先要記住的是，這是你靈魂的自主選擇，好讓你在這些領域更具同情心與創造力。你可以徹底發揮雙魚座的正面特質。

一般性的個人發展

雙魚座最大的問題是經常從現實世界中退縮，這是一種逃避行為。他們的演化道路是要把心靈領域融入現實世界，這樣才能與他人及團體徹底互動。當你向外走進世界，就會找到生命的其他意義。

親密關係／人際關係

雙魚座的對宮是處女座，這個星座象徵服務他人、精湛的技藝與天分。如果雙魚座能夠學著專注在服務，並且學習某種手工技能，這樣能讓他們聚焦在現實世界。這並不是要你完全變成處女座，而是當你與人交往的時候，你應該融合一些處女的特質，這樣有助於建立更完滿的關係。

達成目標

雙魚座很難弄清楚自己的目標是什麼，因為他們總是在不同的想法之間擺盪，或者經常遙想著最終的成果，卻沒有實際動手做。然而無論是以上哪一種情況，雙魚座的夢想與目標都是宏大而且充滿理想主義的。美夢成真的幻想世界讓人快樂，但是如果真的要達成目標，可能會需要援助。

事業

想要完整分析哪一種事業適合你，必須考慮第十宮宮頭（天頂），第十宮星座的守護星，以及第十宮裡的行星。比如說，如果太陽雙魚的第十宮宮頭是金牛，而且金星（掌管金牛座）在第七宮，此人可能適合與大自然或者身體有關的工作（金牛十宮），或者在需要創意的職位（太陽雙魚）與重要人際關係對象一起工作（金星七宮）。

海王星與雙魚座的筆記練習

手邊準備好你的筆記本，選一個安靜的時間與地點，來看看你的出生星盤。先看海王星與雙魚座。看海王星落入的星座，還有海王星與雙魚座的宮位。參考193頁的雙魚座宮位，也能大概知道海王星在各宮位的情況。

把本書裡以及你從薩滿海王星旅程得到的關鍵字詞寫在筆記本裡。思考自己在人生中以什麼方式展現這些能量，並且思考自己如何有意識地選擇發展這些能量，而非只是對外界做出反應。比如，你的海王星或者雙魚座在第四宮，那麼你就知道自己的住家必須是一個寧靜的空間。有了這種認知之後，你可能選擇搬到更安靜的地方，也可能重新安排或裝潢你的家（或者部分），創造寧靜的氛圍。把你的想法寫在筆記本裡。

透過筆記練習以及薩滿海王星旅程，你就可以真正了解自己星盤上的能量。有了這種了解，你就能選擇在人生中如何體現海王星與雙魚座的能量。

第十五章

詮釋相位

相位是出生星盤上行星與角度之間的關係，代表了星盤上所有的行星如何共同運作。相位通常被分為和諧相位、挑戰相位，以及中性相位，形成相位的行星特質也須加以考慮。相位並沒有所謂好或者壞，某些相位會帶來更大的張力，但是也為改變及成長帶來更多動力。某些相位比較和諧，但是所代表的機會也可能因為缺少張力而錯失。一如既往，你個人的努力才是真正重要的。

相位是黃道上行星呈現的角度，這些角度有一個展現範圍，稱為容許度（見202頁）。也就是說，相位角度是確切角度加上一點容許值。比如，四分相（90°）的容許度是85°到95°之間。火星位於寶瓶座12°，以及月亮金牛座17°，雖然不是正好相隔90°，但依然形成四分相。本書只討論主要相位，也就是托勒密相位，因為這些相位所包含的訊息已經十分充足，讓你能夠融合這些能量，運用在個人成長上。我建議你在融會貫通主要相位之後，再研究次要相位。

你可能會覺得相位角度計算有點麻煩，所以本書在205頁列出了一張表格，可以幫助你從出生星盤上找出相位。此外可以參考15頁的樣本，在上面有相位標示，幫助你辨認角度。在本章稍後我會解釋如何辨認相位。我建議各位詳細研讀以下的解說資料，不過目前不用太擔心如何辨認。你在了解之後可以再回來複習這些資料。

相位

這一節討論的相位是占星學使用的主要相位,並且附有容許度。要了解這些相位的意義,必須考慮形成相位的行星所代表的星座元素。

合相　♂ ─0°

容許度:太陽、月亮、木星與土星10°,其他行星5°至7°

合相通常是和諧相位,不過要視相關的能量而定。合相增強行星雙方的能量,以及行星所在星座的能量,如果兩行星在同一星座,則所在星座的元素也會被增強。比如,水星／天王星合相在獅子座,結合了風(水星與天王星掌管了風象雙子座與寶瓶座)。風煽起了火象的火焰,所以這個合相代表了此人富有創意而活躍。

然而,比如火星／海王星合相,那麼代表融合、消解的海王能量(掌管水象雙魚座)

容許度

占星學所謂容許度,指的是兩點形成角度,以及相位確切角度,這兩者之間的差異。關於容許度能有多大,有各種不同意見,我建議你在了解自己的星盤與相位之後運用自己的直覺判斷。比如,月亮雙子12°,對宮有射手群星(群星:至少三顆行星在同一個星座裡),而且四顆群星角度分別是射手座0 °、7°、14°、21°,雖然0°那顆行星與月亮之間的容許度大於平時使用的容許度,但它是被群星的其他行星拉進對相位置的,所以月亮可以算是與這四顆射手座行星都形成對分相。根據行星的力量,容許度可以放寬一點。

太陽與月亮比其他行星的容許度大。行星雙方的度數愈接近相位確切度數,或者行星雙方的度數數字差異愈小,則相位力量愈強。

會減弱火星的動力(掌管火象牡羊座)，不過此人也會擁有極為活躍的想像力，而且具有群眾魅力。

如果行星非常接近太陽、在3°之內，則有燃燒之意。也就是說，太陽能量凌駕於這顆行星之上，將它燃燒，因此它的能量被減弱。

對分相 ⚯ —180°

容許度：太陽、月亮、木星、土星10°，其他行星5°至7°

對相是充滿動力的相位，同時具有對沖的張力。

傳統上對分相被視為挑戰相位，不過這要視行星而定。若對分相涉及的元素能夠良好的融合(而且必須有意識地加以融合)，通常會有促進與鼓舞的效果，能激勵你起身而行，帶來正面結果——雖然要做到這一步並不容易。比如土與水可以互相塑造，轉化為堅固的成果，而風可以煽起火的能量。

在分析對相分意義的時候，行星、宮位、星座落點、元素，都必須加以考慮。比如，月亮(水)在雙子座(風)第六宮(通常由土象處女座掌管)，相對於木星(火，掌管射手座)在射手座(火)第十二宮(通常由水象雙魚座掌管)。這個對分暗示此人感情起伏不定(變動星座雙子與射手)，常有大幅度的變化(木星)，而且此人與集體無意識的訊息(第十二宮)有很強的關聯，甚至在現實生活中從事翻譯工作(第六宮象徵的服務)。

四分相 ☐ —90°

容許度：太陽、月亮、木星、土星10°，其他行星5°至7°

四分相是最具挑戰的相位；涉及的能量是完全擺開了對戰陣式。想像一下形成直角的兩顆行星，是在武裝自己並且準備對戰。當然，關鍵在於學習融合相異的兩股能量，這樣才能一起運作，而非任由雙方往不同的方向行動。

比如，火星／冥王星四分相提供許多動力與精力去維護自己的主導地位，但是當此人感覺到他人的阻力之時，也可能變得充滿攻擊性且獨斷。如果你有這個威力強大的四分相，那麼解決方式之一，是把你的企圖心與精力集中在自己的目標上，把他人造成的阻礙悉數歸還——也就是說，不讓自己被他人的看法影響。

六分相 ✳ —60°

容許度：所有行星5°

六分相是一個機會相位。就能量協作而言，它是一個和諧相位，但關鍵在於**機會**。你必須有意識地選擇與這些能量合作，看清楚如何把這些能量融入你的人生。比如，金星／海王六分相，提供的機會是豐富的創意、想像力以及浪漫細胞，但是多少會有從眾的傾向。如果你選擇善用自身的浪漫情懷和創意，主動追求夢想，而非被動等待機會到來，就會得到好的結果。

三分相 △ —120°

容許度：所有行星5°

涉及三分相的行星協作良好，但是這個和諧相位也可能是最「懶惰」的，因為對我們來說，天生就有此番專才，所以我們經常視為理所當然。在所有主要相位中，這個相位最需要我們有意識地選擇去運用它的能量。比如，水星／火星三分相，表示此人心智敏銳，能夠主動地在短時間內思辨、決斷，但是因為這是他與生俱來的天賦，所以極有可能因為認為這是稀鬆平常的事情，而沒有真正加以運用發揮。如果能意識到三分相的天賦，就能有效地發揮專才。

占星相位表

行星所在的星座	與其形成對相的星座	與其形成四分相的星座	與其形成六分相的星座	與其形成三分相的星座
牡羊座	天秤座	巨蟹、摩羯	雙子、寶瓶	獅子、射手
金牛座	天蠍座	獅子、寶瓶	巨蟹、雙魚	處女、摩羯
雙子座	射手座	處女、雙魚	獅子、牡羊	天秤、寶瓶
巨蟹座	摩羯座	牡羊、天秤	處女、金牛	天蠍、雙魚
獅子座	寶瓶座	金牛、天蠍	雙子、天秤	牡羊、射手
處女座	雙魚座	雙子、射手	巨蟹、天蠍	金牛、摩羯
天秤座	牡羊座	巨蟹、摩羯	獅子、射手	雙子、寶瓶
天蠍座	金牛座	獅子、寶瓶	處女、摩羯	巨蟹、雙魚
射手座	雙子座	處女、雙魚	天秤、寶瓶	牡羊、獅子
摩羯座	巨蟹座	牡羊、天秤	天蠍、雙魚	金牛、處女
寶瓶座	獅子座	金牛、天蠍	牡羊、射手	雙子、天秤
雙魚座	處女座	雙子、射手	金牛、摩羯	巨蟹、天蠍

辨認相位

在你的出生星盤上,你可以用一個表格或者圖中央的線條來表示角度。挑戰的相位通常用紅線表示,和諧相位則用藍線。通常線條上會有符號。有些占星軟體會提供表格。哪一種方式比較合適,完全視各人喜好而定。我從星盤上比較容易「看見」相位,也有些人可能覺得表格更容易。

學會辨認相位之後,在你的筆記本上列出相位,結合之前你收集的關鍵字詞,寫下這些能量在你身上一起運作的情況。比起制式的解釋,這種方法會更貼切,因為這讓你能夠真正察覺到自己的天賦。

比如,你的星盤有水星雙子,對相是土星射手,你可以結合這些關鍵字詞:水星(心智)、雙子(悟性、交流)、土星(技藝精湛、控制)、射手(真實、自由)。你可能會感覺到自己自由悠遊的心智受到了限制,但事實上你有一個絕佳機會,可以運用對分相的能量,從事高度專注的研究。你也可以再加上宮位去詮釋相位。比如,你可以把筆記裡關於太陽十二宮以及土星六宮的關鍵字詞融合在一起,更清楚的闡述行星能量帶來的人生意義。

我鼓勵你花時間去感受這些能量在你身上展現的影響,從而駕馭它們,得到益處。

分析行運

占星學的所有基礎在於出生星盤,如前所述,它是你靈魂與人格的宇宙藍圖,取決於你出生的時刻與地點。這張藍圖顯示你的人生風景,指出你的人格特質與潛能。因為你的出生星盤就是人生的地圖,必須先深入了解你的出生星盤,以此為基礎,再進一步研究占星學的其他方向。

但是,這份宇宙藍圖描述的人並不會永恆不變。我先前提過,它指出了你的潛能,如果運用你的自由意志去探索星座、行星、宮位,以及這所有一切之間的關係,就能發揮潛能。在你的一生中,宇宙不斷擴張,行星不斷運行,每當一個行

星運行到你出生星盤上的一個點，它就會形成一個相位，促使你演化。

行運的運作方式類似於相位，不過行運是變動的，而非永遠固定的。行運指的是行星當前運行位置與你的出生星盤位置之間的關係。想要探究當前與不久之後宇宙能量如何影響你，分析行運是一個主要方法。在演化占星學裡，行運被用來預測每一階段的情感與心理挑戰及成長。

隨著行星運行，行星會與出生星盤行星形成逐漸變化的相位，其中慢速的「外行星」（木星到冥王星），形成的是時間較長、影響較深遠的相位。我們分析相位的時候會融合行星、星座、宮位的意義，而分析行運相位的時候也是一樣，這樣能讓你知道在目前與將來，這些能量會如何影響你與你個人的成長。

首先，把行運行星標示在出生星盤的外圈（見215頁），然後我們再看行運行星與出生行星之間形成的角度。有些占星軟體有此功能，有些還會列出行運的清單與「動態」報告。比如，行運冥王星在摩羯座21°，而你的出生星盤太陽在摩羯座21°，那麼行運冥王星與你的出生太陽就會形成合相。行運相位容許度小於出生星盤容許度，當行運行星接近你的出生行星時，也就是相位即將開始的「入相」，通常容許度是3°；而行運行星離開你的出生行星時，也就是相位結束時的「出相」，容許度是2°。

我建議你在研究行運之前，先徹底了解自己的出生星盤。要考慮到目前為止你已經發揮了多少星盤上所顯示的特質與潛能，還要考慮你是否希望從現在開始做出不同的選擇。研究行運的時候，先回顧自己人生中的重大轉折，了解在過去行運曾經如何影響你的個人成長，這樣你就更能利用這些資料，去了解在未來行運將如何影響你。

當你洞悉了這一切，就能以此為基礎，選擇如何面對和諧行運與挑戰行運，同時要記住沒有所謂傷害或者錯誤，只有覺悟與選擇。這一切的目標是學著接納並且愛上發生在自己身上的一切，而不是要成為一個理想化的完人——因為世上並不存在這種人。這一切的目標也在於幫助你了解自己的天賦，而不是任憑外在的能量與力量隨意擺布。

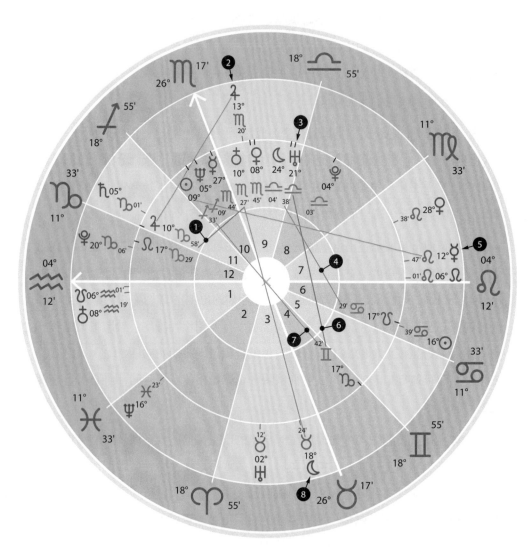

圖例：

1. 六分相　2. 行運木星／出生火星合相，行運木星／出生木星57°六分相
3. 合相　4. 四分相95°　5. 行運水星／出生太陽四分相87°　6. 四分相94°
7. 對相188°　8. 行運月亮／出生火星對相188°

行運分析

個人行星的行運，也就是太陽、月亮、水星、金星、火星，移動速度快，通常都用來計劃事件的時間，了解在哪幾天行動較為有利、哪幾天需要休息。這幾顆行星因為變化大，通常不會用於個人成長。現在我們先看看慢速行星。

- 記下冥王星、海王星、天王星、土星、木星目前所在的星座、宮位、角度。

- 如果以上行運行星正好進入一個新宮位或星座，或者即將進入一個新宮位或星座，記下來。運用本書章節，把描述這個宮位或星座能量的關鍵字詞，與行運行星的關鍵字詞融合在一起。

- 注意這些行運行星與你的太陽、月亮、水星、金星、火星、上升點、中天是否形成重要相位。融合關鍵字詞，幫助自己了解這些行運如何帶動你成長與演化。

在行星完全進入行運位置之前，你就已經可以感覺到它的影響力了。有一個很好的參考方式是在接近位置之前的3°（稱為入相），以及離開位置之後的2°（稱為出相）。

由於外行星有明顯的逆行，通常會經過行運位置三到四次，這樣會延長行運的演化時間。第一次經過明確的行運位置時，轉變就會開始，或者播下種子；再次經過行運位置時，通常是一個危機時刻，此時演進的張力最強；最後一次經過時，就是要下定決心的時刻，或者此時你會找到前進的道路。

還有其他行運的計算方式，無法詳列於本書中。所以首要的是回頭複習，了解你出生星盤上的能量。然後你就更能了解其中相關的能量。

關鍵字詞與例子

冥王星：死亡與重生(比喻)、轉化、蛻變
海王星：消解、精神昇華、混亂、理想主義
天王星：覺醒、突然改變、恍然大悟、發明、無休止
土星：技藝精湛、成熟、時間變慢、感到困難
木星：擴張、行動

以下是幾個簡短例子：

- 行運冥王星經過太陽，帶來自我與本我的轉變，幫助你更能掌握真正的你所具有的力量。冥王星讓你能夠擺脫外在的條件限制。

- 行運天王星經過第四宮宮頭，表示家庭環境會突然變化，或者內在覺醒，帶來更充實的精神生活。

- 行運土星位於第一宮，代表一段很重要的成熟期，與你在世上的形象有關。

行運幫助你在一生中成長演化。它們帶來的是內在與外在的轉變。不要以好壞區分行運，因為每一次都是雙面的機會，而你的自由意志決定如何對行運做出回應，這也將反映出你在每一次行運週期內，是否選擇不懈前進。

結論

占星學是一門既深且廣的學問，占星學者往往花費數十年深入學習。希望你不要對這一切感到無所適從，用簡單的邏輯思考複雜之事，在嫻熟基礎之後，再繼續鑽研，就能得到極為深刻的洞察與成長。需要學習的技巧還有很多，而你不可能只讀了本書一次就能做到。我給你的建議是繼續善用這本書，實踐你的個人里程。

首先深呼吸，然後放鬆，回到起點。我經常把占星學比喻為《愛麗斯夢遊仙境》裡的兔子洞。這是一場探索的旅程，會有出乎意料的轉折，而你在每一次轉彎都會遇到

更新事物，學到更多。一再複習是很重要的，由此開始，把所有能量的意義，融入你的覺醒意識裡。

我建議你多做薩滿旅程，繼續做筆記，這樣你會**感覺到**星座、行星、宮位的能量，而不只是把它們當作一種智力練習，放在腦中思考。要記住，所有能量都存在於你的內心，而不只是「在外頭某處」。你是這個宇宙裡的小宇宙，而我的目標就是讓你更深刻全面地了解自己，讓你能夠運用這份覺悟，去選擇你在這世上如何展現自己、如何對這個世界做出回應。

永遠要記住，命運無所謂好與壞。你是完美的造物，有自由意志可以決定自己要如何運用此生選擇的宇宙藍圖。只要你知道你能運用自己所擁有的一切，而非費盡力氣試圖成為他人，那麼現代占星學就能為靈魂帶來極大的寧靜。

我鼓勵你多多重複這些練習。你會發現每練習一次，你對自己的愛與接納就會更深一點。演化成長是一個永不停歇的過程，並不是你達成某目標之後就此改變。所以，現在再一次深呼吸，放鬆，然後啟程，讓你的生命轉化，變得更好。

融合整張星盤

（個案研究）

這份個案研究探討的是如何融合星盤的各部分，這樣你就可以照著範本的模式，分析自己的出生星盤。在此我把星盤分為幾小節闡述，最後提供一個整合的簡短分析 。我用的是第一章的範例星盤，在此再次附上。

關鍵落點

在這一節，我們的重點是關鍵落點。我示範如何融合這些能量，提出清晰整合的敘述，解釋這些能量在你身上如何運作。

太陽在射手座第十宮

太陽就是核心或者本我。射手代表追尋自由，落在第十宮，則表示此人會不斷轉換他的社會形象，而且可能同時間不只扮演一個角色，因為此人喜愛各種變化。這些角色可能涉及旅行、寫作、教學、外國文化。太陽在第十宮表示此人非常重視自己的事業或者人生使命。

月亮在天秤座第九宮

月亮掌管情感,加上天秤第九宮,此人喜愛接觸信仰系統與異國文化,而且在哲學層面上有很強的公平正義感。所以此人在情感上也與這些議題有所連結。

上升點寶瓶座

在他人眼中,此人叛逆而獨特。此人能幫助他人看清世事需要變革,而且能夠擘畫出未來可能的遠景。最明顯的是,此人希望自己在他人眼中是與眾不同的,所以衣著打扮可能不流於俗。他人可能會因此受到吸引,與他一起解決問題、創造嶄新的解決方法。

整合整張星盤

在出生星盤上,太陽、月亮、上升點,這三者是人格的主要元素。我們把此人的這三個元素放在一起來看,可以看出他關切平等、自由等人道議題。火(射手座)與風(天秤座)結合,表示此人精力充沛,可能很外向,在意自己對於世界(第十宮,或者天頂)的影響力。

研究了這三個主要元素之後,對於分析其餘部分,並沒有唯一正確的方式。我們可以依次分析每一個行星,根據行星、星座、宮位,把之前整理的關鍵字詞融合在一起;也可以先分析每個相位,再開始整合,創造出完整的詮釋。比如,水星天蠍座與第十宮宮頭(天頂)合相,表示此人的發言與話語(水星)擁有強大的轉化能力(天蠍座),而海王星與太陽在射手座合相,表示這種發言可能是關於哲學與心靈信仰。與太陽成對分相的是土星(技藝精湛、領導地位)位於雙子座(話語、洞察)第四宮(大自然或者精神生活),讓此人的話語具有魄力及威嚴。

接下來,我們來看第九宮裡的四顆行星。第九宮由射手座掌管,單單這一宮內就有四顆行星,足以為此人增加許多背景:外向,關心自由、事實,以及哲學方面的事物。

214

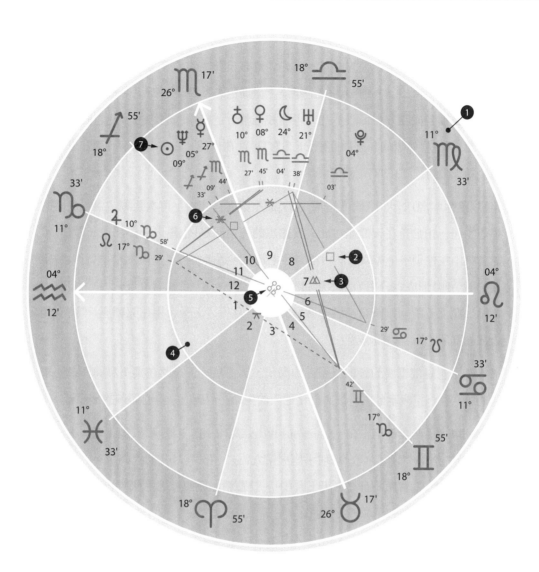

圖例:

1. 星座　**2**. 四分相　**3**. 三分相　**4**. 宮位，按逆時針編號
5. 對相　**6**. 六分相　**7**. 行星

接下來，我們來看星盤裡的能量。首先，月亮天秤關切平等與正義，與上升點的守護星天王星合相，為他關切的主題染上激進色彩。月亮／天王合相又與月亮的南北兩交點各成四分相，表示此人可能較難整合這些激進的情感，使它們朝著摩羯座北交點(目標導向、解決問題)十二宮(專注在信任、託付、同情，而非處女座南交點象徵的控制)的演化潛能發展。

金星(陰性本源)與火星(陽性本源)在天蠍座第九宮合相，再次強調了這張星盤的平等主題。由於落在天蠍座，此人表達出的有力訊息(水星／天頂都在天蠍座)可能會集中在性別不平等以及濫用權力等主題上。這兩個行星又與木星(掌管太陽所在的射手座)形成六分相，而木星與摩羯座北交點合相(此處容許度較大)，這些都表示，此人若能夠控制自己激進多變的情緒(月亮／天王合相在天秤座)，將有能力成為真理的指引與領導者。

最後一點也是很重要的，就是靈魂的渴望、冥王星，正好落在冥王星與天蠍座掌管的第八宮。這表示此人有潛力轉化他人的生命，可能成為身心領域的療癒者。

216

我們把以上這些全部集中在一起，就能看出強烈的主題：療癒(天頂天蠍，冥王星第八宮)、信仰、真理、教導(射手座與第九宮)、平等(月亮天秤與金星／火星合相)、人道主義(寶瓶、月亮／天王合相)、技藝精湛與領導地位(摩羯十二宮)；水星與天頂合相則加強了教導的能量。

運用以上這些主題，可以歸納出此人能夠在某些方面成為強大的療癒者，尤其是能運用高層次心識以及對於信仰及真理的熱誠，帶領人們找到前進的道路。但他在情感上強烈的超然能量則會帶來一些難題，因為人們可能會覺得他冷漠疏離、經常與現實脫節。可透過冥想練習在現實世界中發揮能量，或者在大自然中多待一些時間。

每一張星盤都有各種主題交織其間，融合星座、行星、宮位的關鍵字詞，就能找到你的主題，讓你能更加深入地了解你自己。當你能夠看清全景，你就能更深入接納自己，做出選擇，調整並發揮你的能量。

行星及星座的關鍵字詞與主題

在此附錄中，你可以找到每一個行星與星座的建議關鍵字詞與主題。請記住這些只是建議。請使用那些與你有共鳴的字詞，我建議你利用這部分以及本書中的資訊，為每一個行星與星座創造出自己的字詞清單，記在你的筆記本裡。這樣不但能幫助你整合占星的知識，還可以讓你更清楚它們的意義。

牡羊座： 先驅、好鬥、開創、憤怒、獨立、衝動、賦予精力、反射反應、給予靈感、衝動、直接、快速、鬥爭、良性競爭、快速、利己主義、「我先」、冒險、沒有耐性、創業精神

金牛座： 天生的建造者、動物與生俱來的智慧、領地意識、腳踏實地、頑固、耐性、抗拒改變、實際、佔有欲、堅忍、重視物質、忠誠、充滿愛意、感官、執著於物質安全感、注重身體相關事物、天生的愛人、保存者、缺乏偽裝

雙子座： 擅長語言表達、社交能手、心智活躍、愛說話、好奇、質疑、雙重性、適應力強、易分心、渴望學習、不連貫、理解力強、包打聽、觀察力敏銳、愛八卦、機智、易興奮、熱中建立關係網

巨蟹座：養育、缺乏安全感、敏銳、高度敏感、回應、憂鬱、感受、過分保護、情緒上的連結、內向、傷感、直覺、與家庭有關、家庭導向、傳統、緬懷過去

獅子座：充滿活力、自信、喜歡受到矚目、天生領導者、傲慢、慷慨、浮誇、保有童心、迷人、戲劇化、發光、表演、情緒誇張

處女座：服務性、分析、謙虛樸素、服務的心理狀態、手工技能／天分、完美主義、效率、批評、有條理、自我批評、技術與編輯能力、執著於細節、注重健康、隱藏自我、道德、擔憂、講求效率

天秤座：注重人際關係、以他人為重、共依附(codependency，以他人為重心，自我價值低落)、外交手腕、和平第一、同時看清事物兩面、猶豫、公平、缺乏決斷力、注重社會正義、注重外表、合作、體貼、難以拒絕他人、斡旋、調解、矛盾、爭論、平衡、唱反調、藝術

天蠍座：情感深刻複雜、祕密、天生與心理學有關連、偏執、直覺、悲觀、對於禁忌感興趣、殘酷、隱私、虐待、強大、報復、吸引力、令人生畏、臨危不亂、壓制他人、憂鬱、倖存

射手座：尋求真理、尋求體驗、以信念與信仰為動力、重視精神、喜愛自由、自主、樂觀、獨立、靈感、願景、綜觀大局、探索、流浪、好奇

摩羯座：負責任、權威、紀律、控制、奉獻、恐懼、決心、實際、刻苦、評判、領導、隱藏的不安全感、成就、工作狂、守法、受人敬重、與實際事物連結

寶瓶座：個人自由、忠於真理、不可預測、原創性、發明精神、相反、質疑權威、狂熱信奉、以未來為導向、無政府主義、關切社會、情感疏離、人道主義、尊重分歧、以友誼為核心價值

雙魚座：心靈的、成癮傾向、同情、過度敏感、直覺、邊界不明、敏感、受害／犧牲、創意、神祕、拯救／救星、巫術、隱遁、人道主義、療癒

太陽：核心、活力、認同、自我、自我表達、目的、領導力

月亮：情緒、安全感基礎、需要、感受、身體韻律、滋養、對壓力的反應、母親／女人、家人／家宅、過去、強大的女性特質

水星：智力、理解、心智、發言、交流、寫作、傾聽、學習方式

火星：陽性／雄性能量、行動、動力、意志、勇氣、工作、性、肉體相關的事物、獨斷、攻擊、憤怒、打鬥、競爭、戰爭

金星：陰／女性能量、關連、美、愛、吸引力、價值觀、慾望、感官、品味、風格、藝術、創造力

木星：擴張、寬度、宗教、哲學、信念、信仰、真理、自由、道德、喜悅、幽默、樂觀、慷慨、運氣、浮誇、誇大

土星：外在權威、父母、父親、邊界、技藝精湛、規則、限制、紀律、成熟、傳統、恐懼、拒絕、控制

天王星：個體、個人的真理、獨立、打破傳統、不同／獨特、突然的變化、古怪、不可預測、天才、改革、革命、叛逆

海王星：意識、改變的意識、對超自然敏感、創造的能量、神祕主義、神祕事物、夢、療癒、犧牲、邊界不明、無序、幻象、妄想、成癮、受害

冥王星：個人的蛻變、深度心理學、濃烈、權力、現實的基礎、業力、性、禁忌、命運、靈魂、壓抑、倖存、癡迷

南交點：靈魂的記號點、靈魂的習慣(根深蒂固的)、一生的主題、天賦能力、與生俱來的

北交點：新的演化方向、靈魂的指引、陌生、業力課題、中年改變

詞彙表

符號： 用來代表占星的星座、行星、星體、相位。

四元素： 火、土、風、水。

四交點： 升點(ASC)、下降點(DSC)、天頂(MC)、天底(IC)。分別是第一宮、第七宮、第十宮、第四宮的宮頭。

上升點(ASC)： 第一宮宮頭，即上升星座；也就是出生當時在東方地平線上的那一點與星座。

下降點(DSC)： 出生星盤的第七宮宮頭，位置相對於上升點。

天頂(MC)： 出生星盤的第十宮宮頭，出生當時黃道的最高點，星盤上最公開的一面。

宮位： 出生星盤的十二等分；每一宮掌管人生的某個領域。

宮頭： 在出生星盤上，每一宮開始的那一點，或者每一星座結束以及下一星座開始的那一點。

星體：太陽與月亮（在本書中，歸類於「行星」。）

群星：三個或者三個以上行星位於同一宮位裡。

守護星、掌管行星：掌管每一星座的行星。

相位：星盤上行星之間的角度關係。

容許度：計算相位角度的容許值。

土星回歸：土星回到出生星盤位置，這表示土星已經運行黃道一圈。所有行星都有「回歸」，但是土星是影響最深遠、最有名的，發生在每個人的29歲、58歲、87歲。

開創星座：對應開創特質的黃道星座──牡羊、巨蟹、天秤、摩羯。

固定星座：對應固定特質的黃道星座──金牛、獅子、天蠍、寶瓶。

變動星座：對應變動特質的黃道星座──雙子、處女、雙魚。

火象星座：對應火元素的黃道星座──牡羊、獅子、射手。

土象星座：對應土元素的黃道星座──金牛、處女、摩羯。

風象星座：對應風元素的黃道星座──雙子、天秤、寶瓶。

水象星座：對應水元素的黃道星座──巨蟹、天蠍、雙魚。

薩滿信仰：一種心靈的信仰活動，在其過程中，人進入意識的變形狀態，與靈界／無意識領域進行互動。

符號表

≋ 寶瓶座	♌ 獅子座	☊ 北交點	☋ 南交點
♈ 牡羊座	♎ 天秤座	♓ 雙魚座	☉ 太陽
♋ 巨蟹座	♂ 火星	♇ 冥王星	♉ 金牛座
♑ 摩羯座	☿ 水星	♐ 射手座	♅ 天王星
♊ 雙子座	☾ 月亮	♄ 土星	♀ 金星
♃ 木星	♆ 海王星	♏ 天蠍座	♍ 處女座

參考書籍

如果您想繼續探索占星，我推薦這些書。它們都是由出色的占星家所撰寫，將加深你對占星術的知識和理解。我選擇這些書籍，是因為我發現它們對我自己的占星最有幫助。

Forrest, Steven. The Changing Sky: Learning Predictive Astrology. 2nd ed. Borrego Springs, CA: Seven Paws Press, 2008.

Forrest, Steven. The Inner Sky: How to Make Wiser Choices for a More Fulfilling Life. Reprint ed. Borrego Springs, CA: Seven Paws Press, 2007.

Green, Jeff. Pluto: The Evolutionary Journey of the Soul, Volumes 1 and 2. 2nd rev. ed. Swanage, UK: The Wessex Astrologer Ltd., 2011.

參考書籍

Andrews, Ted. Animal Speak: The Spiritual and Magical Powers of Creatures Great and Small. Woodbury, MN: Llewellyn Publications, 2002.

Astrology Club. "Astrology Club Homepage." Accessed July 3, 2018. astrology-club.org.

Café Astrology. "Café Astrology Homepage." Accessed July 3, 2018. cafeastrology.com.

Cameron, Julia. The Artist's Way. Anniversary ed. New York, NY: TarcherPerigee, 2016.

Forrest, Steven. The Inner Sky: How to Make Wiser Choices for a More Fulfilling Life. Reprint ed. Borrego Springs, CA: Seven Paws Press, 2007.

Ingerman, Sandra. Shamanic Journeying: A Beginner's Guide. Louisville, CO: Sounds True, 2008.

ThoughtCo. "Astrology." Accessed July 3, 2018. www.thoughtco.com/astrology-4133112.

作者簡介

露易絲・愛丁頓

露易絲・愛丁頓研究占星學並從事占星已有三十年，在2012年，她開始專業從事演化占星學。2012年以來，露易絲一直在Facebook發佈每日占星貼文，目前也發佈在Medium部落格與Patreon平台。她喜歡職業占星生涯的每一面，但是最深愛的還是幫助客戶了解內在能量如何運作，並且以了解及接納自我為基礎，進一步擁有豐富的人生。她從事占星諮詢、教學，以及寫作。更多介紹請見她的網站 louiseedington. com，其他平台網址則分別是 patreon.com/ louiseedington， medium.com/@louiseed- ington，facebook.com/WildWomanUn- leashed。

現代占星學
Modern Astrology

出　　　版／楓樹林出版事業公司

地　　　址／新北市板橋區信義路163巷3號10樓

郵 政 劃 撥／19907596　楓書坊文化出版社

網　　　址／www.maplebook.com.tw

電　　　話／02-2957-6096

傳　　　真／02-2957-6435

作　　　者／露易絲・愛丁頓

審　　　定／鐘穎（愛智者）

翻　　　譯／杜蘊慈

企 劃 編 輯／陳依萱

校　　　對／謝惠鈴

港 澳 經 銷／泛華發行代理有限公司

定　　　價／450元

出 版 日 期／2020年5月

國家圖書館出版品預行編目資料

現代占星學 / 露易絲・愛丁頓作；杜蘊慈
翻譯 . -- 初版 . -- 新北市：楓樹林，
2020.05　面；　公分
譯自：Modern Astrology
ISBN 978-957-9501-71-2（平裝）

1. 占星術

292.22　　　　　　　　　109002703